「禁止・制限」より
「安全な使い方」を教える!
GIGAスクール時代の

「ネット
リテラシー」
授業プラン
ワークシート付き

堀田和秀
・
津田泰至
著

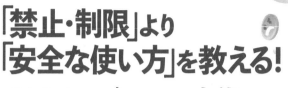

🌼 学芸みらい社

目次

まえがき──堀田和秀　6

◀第**1**章▶

「1人1台端末」時代、到来！
これからの子どもたちに必要な
「デジタル・シティズンシップ」の授業とは？──8

1．これまでの日本の「情報モラル教育」では1人1台端末時代に対応できない！　10
2．「デジタル・シティズンシップ教育」が今こそ必要である！　12
3．common sense educationに見る「デジタル・シティズンシップ」の授業の基本型　14
4．日本の情報モラル教材を活用した「デジタル・シティズンシップ」の授業プラン　16
　（1）レディネスチェック　17
　（2）教材文の読み聞かせ　18
　（3）基本事項の確認（登場人物、状況設定etc.）　18
　（4）原因の特定　19
　（5）よりよい行動を考える　19
　（6）行動・対応の検討　19
　（7）行動の決定　20
　（8）感想　20
5．各教科書会社別「デジタル・シティズンシップ教育」カリキュラム　21

◀第**2**章▶

道徳教科書で創る
「デジタル・シティズンシップ」の授業プラン
わたしのスキル：〈安全〉篇──26

1−①．「メディアと規則正しい生活のバランス」に関する授業　29
　低学年 「ゲームの使い方」に気をつけよう！
　………〈コラム〉デジタルスキル①「メディアバランスと幸福」　34
1−②．「メディアと規則正しい生活のバランス」に関する授業　35
　高学年 「使用時間」「タイミング」を考えて、スマホを使おう！
　………〈コラム〉脳科学の知見からみた「スマホの使用時間」　40

2－①．「個人情報」に関する授業　41
　　　低学年「知っているかもしれない人」からの電話に対応しよう！
　　……〈コラム〉「common sense education」とは？　46
2－②．「個人情報」に関する授業　47
　　　高学年 個人情報を求められたときの対処法を考えよう！
　　……〈コラム〉デジタルスキル②「プライバシーとセキュリティー」　52
3－①．「著作権・肖像権」に関する授業　53
　　　低学年 友だちの作ったものは、勝手に触らない！
　　……〈コラム〉common sense educationにおける「著作権」　58
3－②．「著作権・肖像権」に関する授業　59
　　　高学年 写真をインターネットに投稿するときの「マナー」
　　……〈コラム〉デジタルスキル③「デジタルフットプリントとアイデンティティ」　64
4－①．「学校や家で使うときの『ルール』」に関する授業　65
　　　低学年 パソコンやタブレットのルールを考えよう！
　　……〈コラム〉子ども参加の「家庭のルール」を作ろう　70

◀第**3**章▶

道徳教科書で創る
「デジタル・シティズンシップ」の授業プラン
人との関わりのスキル：〈コミュニケーション〉篇──72

1－①．「チャット・SNSへの正しい投稿の仕方」に関する授業　75
　　　低学年「正しい情報」を発信しよう！
　　……〈コラム〉チャットやSNSへの正しい投稿を教えるために　80
1－②．「チャット・SNSへの正しい投稿の仕方」に関する授業　81
　　　高学年 誤解を招かないオンラインメッセージの書き方を知ろう！
　　……〈コラム〉誤解を生まないオンラインメッセージの作り方　86
2－①．「ネット上でのコミュニケーション」に関する授業　87
　　　低学年 本当の情報を、上手に発信しよう！
　　……〈コラム〉デジタルスキル④「人間関係とコミュニケーション」　92
2－②．「ネット上でのコミュニケーション」に関する授業　93
　　　高学年「すれちがい」をなくすための行動を考えよう！
　　……〈コラム〉オンラインで良好な人間関係を作る「オンラインスキル」　98
3－①．「ネットいじめ」に関する授業　99
　　　低学年「ほんのちょっとしたいたずら」が、いじめにつながる！
　　……〈コラム〉デジタルスキル⑤「ネットいじめ、デジタルドラマ、悪意のある表現」　104
3－②．「ネットいじめ」に関する授業　105
　　　高学年「ネットいじめ」をストップさせる方法を考えよう！
　　……〈コラム〉ネットいじめへの対応法　110

4−①.「ニュースとメディアリテラシー」に関する授業　111
　　　低学年 インターネットの情報って、本当に正しい?
　　　………〈コラム〉デジタルスキル⑥「ニュースとメディアリテラシー」　116
4−②.「ニュースとメディアリテラシー」に関する授業　117
　　　高学年 その情報、本当に発信して大丈夫?
　　　………〈コラム〉インターネットの情報を正しく取り出す　122

◀第4章▶

動画を正確に読み取る能力を身につけ、
フェイクにだまされない子を育てる!
1人1台端末時代に必要な
「メディアリテラシー」教育──124

1. 文章を読み解くように「動画」を読み解く　126
2. 動画をどのように読解するのか　126
3. 動画読解の授業づくり　128
　　(1)カット数を数える　129
　　(2)情報を取り出す　129
　　(3)主題を考える　130
　　(4)文章にまとめる　130
　　(5)要約する　131
　　(6)ターゲット・オーディエンスを考える　131
　　(7)色を検討する　131
　　(8)対比を検討する　132
　　(9)音声を検討する　132
　　(10)カメラワークを検討する　132
4. 動画読解授業の類型　134

◀第5章▶

「動画読解」で切り拓く
メディアリテラシーの授業プラン──136

1. CM動画の「動画読解」授業プラン　139

〔低学年〕 教材動画：「小林製薬 消臭元」CM動画
　………〈コラム〉《2段階読解》と《TAPE発問》　144

2．PR動画の「動画読解」授業プラン　145
〔中学年〕 教材動画：「AWAJISHIMA WEB CM 2019」観光PR動画
　………〈コラム〉メディアリテラシー教育を学校でどう進めればいい？　150

3．ストーリー動画の「動画読解」授業プラン　151
〔高学年〕 教材動画：「The Present」CGアニメーション作品
　………〈コラム〉英国映画研究所（BFI）の《8つの基本教授テクニック》　158

◀第**6**章▶

子どもたちにネットリテラシーを確実に身につけさせる！「ネットモラル検定」や「DQ（Digital Intelligence)」を取り入れた授業づくり──160

1．デジタル・シティズンシップは「知識」である！　162
2．デジタル・シティズンシップの評価の方法　163
　（1）授業の感想を書かせる　163
　（2）「ネットモラル検定」などの知識を問う問題を解かせる　163
3．デジタルスキルの新指標「DQ（Digital Intelligence)」　165
4．デジタル・シティズンシップを育てるための授業プラン　167

◆ウェブ・ナビゲーション──全ワークシートQRコード／URL一覧　**169**

本文に掲載されている18枚の全ワークシートに加え、QRコードに紐付けられている本文中の図版・HP・動画等の全資料のURLも一覧にまとめたExcelシートをダウンロード可。

あとがき──堀田和秀　172

まえがき

　令和元年度、日本の教育界に衝撃が走った。

　新型コロナウィルス感染症が猛威を振るい、３月には全国一斉の臨時休校措置がとられた。この臨時休校は、学校教育に大きな衝撃を与えた。

　海外ではオンライン授業が当たり前に行われる中、日本ではオンライン授業を行う設備さえ整っていなかった。日本の学校のICT整備の脆弱さが明らかになった。

　この状況を受け、GIGAスクール構想が前倒しされ、令和２年度末までに子どもたち１人に１台の端末が配付された。「１人１台端末」を配付するにあたり、多くの学校で次のようなことが話し合われたと思う。

---

　①子どもが端末を活用するときの「ルール」をどうするか。
　②端末を持ち帰らせるか否か。

　配付された当初、多くの学校では、"子どもに自由に使わせるのは危険だ"という理由から、「端末は学校で預かり、持ち帰らせない」という対応を取った。

　それぞれの学校で「タブレットの使い方の決まり」を作り、子どもたちが自由に端末を使うことを制限した。

　しかし、「GIGA」とは「Global and Innovation Gateway for All（すべての子どもたちに、グローバルで革新的な入口を）」の意であり、端末を使って世界中の人や物と繋がっていくことこそ、本来の目的である。そこにはある種の自由度が必要になる。子どもたちに端末を配付し、自由に使わせることで、子どもたちの可能性は無限に広がっていくのである。

　では、なぜ、先生方は「自由に使ってごらん」と言うことに躊躇したのか。

　答えは簡単である。

　子どもたちに、「ネットリテラシー」が育っていないから

である。

日本では、「1人1台端末」を配付する前から、ネットいじめ、ネット依存、高額課金、メールやLINEの発信内容をめぐるトラブルなど、情報端末を介したトラブルに巻き込まれる子どもたちが年々増加していた。

　文部科学省では、このようなトラブルが起こらないように「情報モラル教育」を行うよう、通達を出していた。

　しかし、「情報モラル教育」では、情報端末の危険性を切々と、また諄々と説くため、子どもたちは端末を使うことに消極的になり、ネットリテラシーが育たなかったのである。

　これに対し、諸外国では、全く違った教育が為されていた。それが、

デジタル・シティズンシップ教育

である。

　デジタル・シティズンシップ教育は、端末を積極的に活用することを前提として、「端末をいかに安全に活用するか」を、子どもたちが議論することで、子どもたちのネットリテラシーを高める教育である。

「1人1台端末」が配付された今、日本も情報モラル教育からデジタル・シティズンシップ教育に舵を切る必要がある。

　本書は、海外で行われているデジタル・シティズンシップ教育の授業プランをベースに、TOSSで学んできた指導スキルを加えて、授業プランを作成した。

　また、YouTube等の動画からのメッセージを正しく受け取るために必要なスキルを身につけるための「動画読解」についても、同じサークルで研究を深めている津田泰至氏に授業プランを作ってもらった。

　本書に収録されたワークシートをコピー、あるいは本書巻末のQRコード／URLからダウンロードして子どもたちに配付し、授業プランに書いてある発問・指示をするだけで、子どもたちが熱中して議論する授業ができるようになるだろう。

　本書が、先生方のネットリテラシーの授業の一助になれば幸いである。

堀田和秀

第1章

「1人1台端末」時代、到来!
これからの子どもたちに必要な
「デジタル・シティズンシップ」の
授業とは?

執筆担当：堀田和秀

1. これまでの日本の「情報モラル教育」では 1人1台端末時代に対応できない!

2020年——。

新型コロナウイルス感染症の感染拡大を受けて、GIGAスクール構想が前倒しされ、「1人1台端末」がすべての子どもたちに配付された。

文部科学省は、端末を「文房具の1つ」として活用することを求めている。

実際、学校ではノートに鉛筆を使って書くだけでなく、端末を使って個別に学習したり、友だちと一緒に共同作業をしたりすることが多くなった。

学校教育が、大きな転換期を迎えている。

特に、「情報モラル教育」については、考え方そのものを大きく変えていかなければ、これからの時代の教育に対応していくことはできない。

学習指導要領によると、「情報モラル教育」とは『情報社会で適正な活動を行うための基になる考え方と態度』を教えることであり、日本では1990年代から行われてきた(以下の資料を参照)。

↑「情報教育」と「情報モラル教育」の変遷

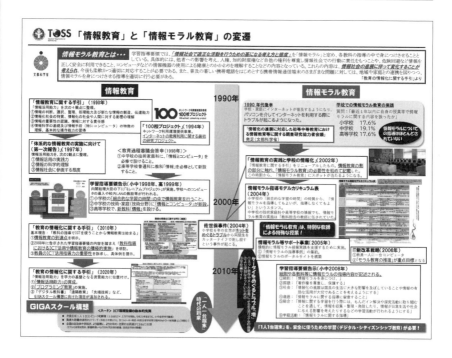

しかし、実際に学校で行われている情報モラル教育のイメージは少し違う。

私が実際に情報モラル教育を行ったとき、子どもたちは次のような感想をノートに書いた。

> ①パソコンを使うのは、ちょっとこわいなと思った。
>
> ②お家の人と一緒にパソコンを使うのが安全だなと思った。
>
> ③スマホは危険がいっぱいなので、気をつけて使わないといけないと思った。

ICT機器を活用しようというよりは、「ICTは危険だから使わないでおこう」という考え方や態度を育てているようにしか思えなかった。

もちろん、私の指導にも問題があったのだろう。

ただ、教科書や副読本に掲載されている教材も、「ICTを使うと、こんなに危ないことがあるよ」ということを伝えるタイプの教材が多い。石原一彦氏によると、日本の情報モラル教材は、次の表のように分類することができるという。

既存の情報モラル教材の類型(よく使われる情報モラル教材85教材を分類)			
情報モラル教材は、「事例で学ぶNetモラル」12話、「ケータイ・ネット社会の落とし穴シリーズ」8話、「ネット社会の歩き方」5話、「メディアとのつきあい方学習」5話、自作教材4話、新聞3話、「あんしんあんぜん情報モラル」1話、「ジャストスマイル」1話、「eネットキャラバン」1話、「情報モラル指導実践キックオフガイド」2話			
A.「暗転型」教材	B.「(問いかけ)暗転型」教材	C.「解説・クイズ型」教材	D.「活用提案型」教材
登場人物の不注意や小さな悪意、判断ミスなどの些細な問題行動が、情報社会の特性により加速・増幅され、その結果、より深刻な状況を招くというタイプの教材。	最終的に暗転までは展開されないものの、その直前で話が終わり、学習者に「あなたはどう思いますか?」と問いかけを行っているタイプの教材。	情報モラルに関する知識や問題への対処法などを登場人物が解説するタイプの教材。	ネットワークの光の部分に焦点を当て、インターネットのよりよい使い方を学習者に提案するタイプの教材。【デジタル・シティズンシップに最も近い】
68%(58話)	13%(11話)	11%(9話)	8%(7話)
情報モラル教育教材の8割が「暗転型」。ICTの影の部分に焦点を当てた教材になっている。			

「暗転型教材」「(問いかけ)暗転型教材」が、全体の81%を占めている。

「暗転型教材」は、おおよそ次のような展開で物語が進む。

> (1)主人公が、ICT機器(パソコン、スマホetc.)を手にする。
>
> (2)主人公が、ちょっとした「不注意」や「いたずら」「判断ミス」をおかす。
>
> (3)ちょっとした不注意やいたずらがきっかけで、より深刻な状況を招く。
>
> (4)主人公が、そのことに思い悩んでしまう。

この教材群を使って、"このときの主人公の気持ちを考えよう"と教師が問い続けると、子どもたちはどうなるだろうか。

「深刻な状況を招いてこんな嫌な気持ちになるぐらいなら、使わない方がよい」

と考えるようになるだろう。

　日本がこれまで行ってきた情報モラル教育は、

子どもたちに、ICT機器の「負のイメージ」をインプットする

ことに一役買ってきたと言える。

　しかし、1人1台端末時代を迎え、すべての子どもたちがICT機器を手にした今、「情報モラル教育」の考え方では対応していくことができない。

　ICT機器を積極的に活用し、その中でよりよい使い方を考えるタイプの教育が必要不可欠である。

2. 「デジタル・シティズンシップ教育」が今こそ必要である！

「情報モラル教育」を行っているのは、日本だけである。

　世界は、すでに新しい教育へと舵を切っている。それが、

デジタル・シティズンシップ教育

である。

「デジタル・シティズンシップ」とは何か。海外のサイトには、次のように書かれている（https://www.digitaltechnologieshub.edu.au/）。

　デジタル・シティズン（デジタル市民）とは、他者と交流、社会に参加し、デジタルコンテンツを作成し消費するためのデジタル技術を効果的に利用する知識と技術を持った人です。

　デジタル・シティズンシップ（デジタル市民権）とは、デジタル技術に対する前向きで自信のある協約（engagement）に関するものです。

（「DIGITAL TECHNOLOGIES HUB」HPより：堀田訳）

　ICT機器を手にしたとき、自信をもって積極的に活用しようとする態度を教育することが、「デジタル・シティズンシップ教育」である。

「情報モラル教育」と「デジタル・シティズンシップ教育」を比較してみると、次のようになる。

🔴 情報モラル教育(日本のみ)		🌐 デジタル・シティズンシップ教育(世界標準)
情報社会で適正な活動を行うための基になる**考え方と態度** (1999年告示 学習指導要領解説総則編 より)	定　義	生徒は相互につながったデジタル世界における生活、学習、仕事の権利と責任、機会を理解し、安全で合法的倫理的方法で**行動し、模範となる** (国際工学教育学会(ISTE) より)
①日常のモラルを育てる ②社会の仕組みを理解する ③日常モラルと仕組みを組み合わせ考えさせる ※この内容で学習する場合、「思いやりを持って行動する」「悪いことをしない」「危険な目に遭わないよう安全な利用に必要なスキルと知識を学ぶ」という目標になる	特　徴	①**「ICTの利活用」**が前提である ②選択肢のメリットとデメリットを検討している（悪い特性や悪い結果だけを強調していない） ③人権と民主主義のための情報社会を構築する善き市民となるための学びである（個人の安全な利　用のためだけに学ぶのではない）
①テクノロジーの利活用に対して**「消極的」** ②情報社会の「影への対応」を考える ③ICT機器の危険、恐怖、不安等**「負の刺激のインプット」** ④ICT機器を活用した**「悪行や過失とその帰結のインプット」** **ICT機器に対する「負のイメージ」をインプットする**	ICT機器に対するイメージ	①テクノロジーの利活用に**「積極的」** ②ICT機器への積極的な「参画」を考える ③ICT機器に対する視野の拡大による**「気づきのアウトプット」** ④ICT機器を活用した**「最適解(最善策・最善の選択)のアウトプット」** **ICT機器に対して「前向き」に考え、アウトプットする**
・消極的倫理や自己の内面（道徳的心情）を問う ・**心情(内面・過程)** 規範、他律的	授業で問う内容	・積極的倫理の立場をとり社会性（公共道徳）を問う ・**行動(行為・帰結)** 規範、自律的
1 導入…読み物資料を読み、**課題をつかむ** 2 展開…①**主人公が、なぜよくなかったのか、悪い結果になったのか、原因を追求する** 　　　　②主人公の**「心情」**を読み取る 3 まとめ…個人の目標を**自己決定する**	授業の基本的な流れ	1 デジタルジレンマの物語を読み、そのときの**「感情」**を確認 2 なぜ、主人公はこの場面で困ったのか、**原因を特定**する 3 その原因を解決する**「行動の選択肢」**を考える 4 その**「行動の選択肢のメリット・デメリット」**について議論する 5 デジタルに対する**「前向きな対処法」**を考え、まとめる

　情報モラル教育は「考え方と態度」の教育であり、デジタル・シティズンシップ教育は「行動」の教育である。

　情報モラル教育は「ICT機器に対する『負のイメージ』をインプット」するのに対し、デジタル・シティズンシップ教育は「ICT機器に対して『前向き』に考え、アウトプット」することが中心となる。

↑「情報モラル教育」と「デジタル・シティズンシップ教育」

　「デジタル・シティズンシップ教育」は、「情報モラル教育」の対極にある学習である。

　世界各国では、すでにデジタル・シティズンシップ教育が主流となり、日本のみが情報モラル教育を行っている状態である。

　しかし、日本も1人1台端末時代を迎え、大きく舵を切ろうとしている。

　2021年12月24日に内閣府から出された「Society 5.0の実現に向けた教育・人材育成に関する政策パッケージ〈中間まとめ〉」には、次のことが明確に打ち出されている。

↑Society 5.0の実現に向けた教育・人材育成に関する政策パッケージ〈中間まとめ〉

　「デジタル・シティズンシップ」が子どもたちに備わっていることが大前提

　この中間まとめは、次期学習指導要領改訂に向けたロードマップである。

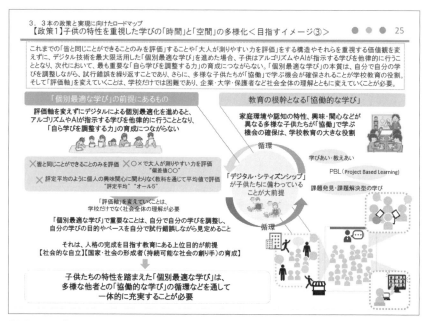

これまでの「皆と同じことができることのみを評価」することや「大人が測りやすい力を評価」をする構造やそれらを重視する価値観を変えずに、デジタル技術を最大限活用した「個別最適な学び」を進めた場合、子供はアルゴリズムやAIが指示する学びを他律的に行うこととなり、次代において、最も重要な「自ら学びを調整する力」の育成につながらない。「個別最適な学び」の本質は、自分で自分の学びを調整しながら、試行錯誤を繰り返すことであり、さらに、多様な子供たちが「協働」で学ぶ機会が確保されることが学校教育の役割である。そして「評価軸」を変えていくことは、学校だけでは困難であり、企業・大学・保護者など社会全体の理解とともに変えていくことが必要。

「個別最適な学び」の前提にあるもの

評価軸を変えずにデジタルによる個別最適化を進めると、アルゴリズムやAIが指示する学びを他律的に行うこととなり、「自ら学びを調整する力」の育成につながらない

✕ 皆と同じことができることのみを評価　✕ ○✕で大人が測りやすい力を評価
"偏差値○○"
✕ 評定平均のように個人の興味関心に関わりない教科を通じて平均値で評価
"評定平均" "オール５"

「評価軸」を変えていくことは、
学校だけでなく社会全体の理解が必要

「個別最適な学び」で重要なことは、自分で自分の学びを調整し、
自分の学びの目的やペースを自分で試行錯誤しながら見定めること

それは、人格の完成を目指す教育にある上位目的が前提
【社会的な自立】【国家・社会の形成者（持続可能な社会の創り手）の育成】

子供たちの特性を踏まえた「個別最適な学び」は、
多様な他者との「協働的な学び」の循環などを通して
一体的に充実することが必要

教育の根幹となる「協働的な学び」

家庭環境や認知の特性、興味・関心などが
異なる多様な子供たちが「協働」で学ぶ
機会の確保は、学校教育の大きな役割

循環

学びあい・教えあい

PBL（Project Based Learning）

「デジタル・シティズンシップ」
が子供たちに備わっている
ことが大前提

課題発見・課題解決型の学び

循環

（出典：内閣府「Society 5.0 の実現に向けた教育・人材育成に関する政策パッケージ〈中間まとめ〉」25 頁）

　次の学習指導要領改訂では、子どもたちが「デジタル・シティズンシップ」を身につけ、ICT機器を前向きに、そして安全に活用できるようになっていることを前提としたカリキュラムが作成されることになる。

　子どもたちの「デジタル・シティズンシップ」を育成することが急務である。

3. common sense educationに見る「デジタル・シティズンシップ」の授業の基本型

　デジタル・シティズンシップ教育の最先端を走るのが、アメリカの「common sense education」である。

　common sense educationでは、すべての教師がどこでもデジタル・シティズンシップ教育の授業ができるように、「①授業コンテンツ」「②ワークシート」「③動画」「④指導案」がセットにされてホームページに紹介されている。

　今度珠美氏と林一真氏は、common sense educationで行われているデジタル・シティズンシップ教育の授業の流れを、次のように示している。

レディネスチェック：子どもたちのデジタル機器の内部情報（知識）を確認する。

教材の視聴：デジタルジレンマ教材（読み物資料、動画）を視聴する。

感じる：今の感情を確認する。

特定：その感情につながった原因を特定する。

反映：考えられる対応を検討する。

制定：自分自身と他の人々にとって前向きで生産的と考える方法で行動し、状況に対処するための準備を考える。

（坂本旬・芳賀高洋他『デジタル・シティズンシップ——コンピュータ1人1台時代の善き使い手をめざす学び』大月書店、2020年、130頁を元に堀田が作成）

TOSS　"デジタルシティズンシップ教育"　授業の基本の流れ

Digital Citizenship教育 授業の基本の流れ

0. レディネスチェック
1. 「感情」を確認する
2. 原因を「特定」する
3. 対応を「検討」する（メリット・デメリットをもとに議論する）
4. 行動を「決定」する

「デジタル・シティズンシップ教育」授業の基本の流れ

情報モラル教育のように主人公の気持ちを考えさせるのではなく、「この立場になったときの行動」を考えさせている。

これは、TOSSが主張してきた「TOSS道徳」の考え方と同じである。

TOSS道徳の第一人者である河田孝文氏は、道徳授業について次のように述べている。

①道徳授業は、「行動」を教える時間である。

②気持ちを話し合うから、いつまでたっても道徳授業は変わらない。検討するなら、登場人物の行動である。

③規範を心の問題としておくのではなく、行動まで具体化して取り組むことが大切である。

(河田孝文『子どもの心をわしづかみにする「教科としての道徳授業」の創り方』学芸みらい社、

2013年より)

TOSS道徳では、一貫して「行動を問う」道徳授業を提案してきた。

気持ちを問うても、子どもたちは変わらない。

具体的な行動を考えるから、そのように行動しようとする子どもたちが育つ。

「デジタル・シティズンシップ教育」も、具体的な行動を考え、その行動の良し悪しを検討する。

ICT機器を活用することが当たり前となったこの時代に必要なのは、具体的な活用方法を考える「デジタル・シティズンシップ教育」であることは、誰の目にも明らかだろう。

4. 日本の情報モラル教材を活用した「デジタル・シティズンシップ」の授業プラン

「情報モラル教育」は、主に道徳の時間に行われる。

道徳の教科書には、情報モラルを扱った教材が、各教科書会社の教科書で１〜３つ程度掲載されている。

もちろん、投げ込み教材で授業をすることも可能だろう。しかし、資料作成やコンテンツ準備などを考えると現実的ではない。

やはり、教科書教材を使って授業を展開するのがよい。

common sense educationで行われている「デジタル・シティズンシップ」の授業の展開を、日本の情報モラル教材に合わせて、次のように展開することを提案する。

〈教科書教材を使った「デジタル・シティズンシップ」の授業プラン〉

(1) レディネスチェック

(2) 教材文の読み聞かせ

(3) 基本事項の確認（登場人物、状況設定etc.）

(4) 原因の特定

(5) よりよい行動を考える

(6) 行動・対応の検討

(7) 行動の決定

(8) 感想

（1）レディネスチェック

ICT機器を、日常的にどの程度活用しているのか。

これは、子どもたちによってバラバラである。あるいは、教師が考えている以上に使っている場合もあれば、逆に使っていない場合もある。

授業をする前に、子どもたちがどの程度ICT機器を活用しているかを教師が知っておくことで、授業の組み立てを変えることができる。

これが、「レディネスチェック」である。

たとえば、次のようなことを聞く。

①あなたは、スマホやタブレットを、1日何時間ぐらい使っていますか。

②あなたの家に、スマホやタブレットの使い方に関するルールはありますか。

「数値」で把握できるような聞き方がよい。その方が、子どもたちの実態を具体的に捉えることができる。

事前に授業を作っておきたい場合は、前日までにアンケート等でチェックしておけばよい。

（2）教材文の読み聞かせ

　教科書の教材文を読み聞かせる。

　音読ではない。教師の読み聞かせである。

　教材文を音読させれば、子どもたちは声に出して読むことに集中する。

　道徳の授業は「1教材1時間」で展開される。国語の授業のように、読む練習をする時間はない。せいぜい1回が限度である。

　つまり、音読させると、教材の内容を理解するに至らないまま授業内容に入らざるを得ない。

　教材文の内容を理解させるためには、「教師の読み聞かせ」が一番よい。

　ゆっくりと読み聞かせる。

　子どもの顔を見て、分かりにくそうな言葉があれば、教師が意味を補いながら読んでいく。

　これも、教師の読み聞かせだからこそ可能となる。

（3）基本事項の確認（登場人物、状況設定etc.）

　お話の内容を、簡単に確認する。

　最初に確認するのは、「登場人物」である。

「登場人物は、誰ですか」と問い、リズム、テンポよく指名していく。

　一通り登場人物を確認したら、「主人公は誰ですか」と問う。

　デジタル・シティズンシップ教育では、主人公の行動の是非を問う。誰が主人公なのか、明確にしておく必要がある。

　次に、「状況設定」を確認する。

　私は、次のように問うことが多い。

一言で言って、何のお話ですか。

　話の概要を、一言で隣の人に説明させる。説明することで、大ざっぱにお話の状況を確認することができる。

　低学年の場合、いきなり"何のお話ですか"と問われても答えられない可能性が高いので、「○○くんが何をしたの？」「それで、どうなったの？」と1つ1つ確認していくようにする。

（４）原因の特定

　情報モラル教材では、主人公のICT機器の使い方に何らかの問題があることが多い。その原因を明らかにすることで、よりよい行動を考えやすくなる。

　私は、次のように問う。

　○○さんの〜〜の使い方は、何がよくなかったのですか。

　ほとんどの教材は、この発問で原因を特定することができる。

　ICT機器を普段ほとんど使わない子も、他の子の意見を聞きながら内部情報（知識）を増やしていくことができる。

（５）よりよい行動を考える

　よくない使い方の内部情報を増やしたところで、「よりよい行動」を考えさせる。

　あなたが○○さんなら、この場面で何をしますか。

　これが、基本型である。

　もちろん、教材によって何をするかは違うので、発問を変化させる必要がある。

　たとえば、メールの送り方の学習なら、「あなたが○○さんなら、このとき何とメッセージを打ちますか」となる。スマホの使い方の学習なら、「あなたが○○さんなら、この場面でスマホをどのように使いますか」となる。

　自分の意見をノートに書かせたら、持ってこさせて○をつける。

　○をつけたら板書させ、学級全体で共有しておく。どうしても書けない子には、「前の意見を参考にしてよい」ことを伝えておく。

（６）行動・対応の検討

　黒板の意見を子どもたちに読ませたあと、子どもたちが考えた行動や対応の検討を行う。討論させるのである。

　しかし、子どもたちの意見は多岐にわたる。

　そこで、教師がバラバラの意見をいくつかの意見に分類する。もちろん、子どもの意見を聞きながら分類していく。

それでも、意見が3つ以上になることが多い。

　3つ以上の意見がある場合、討論を成立させることは至難の業となる。

　TOSS最高顧問の向山洋一氏は、3つ以上の意見がある場合の討論の仕方について、次のように指導したことを明らかにしている。

---

①まず班ごとに机をまとめさせ、「自分の考えを班で発表して他の人の意見を
　聞きなさい」と指示する。時間は5分以内。

②「だめだと思うものを、1つだけ班で決めなさい」と指示する。時間は3
　分程度。

③「自分の考えでよいから、（どれがだめか）手を挙げなさい」と指示する。

④反対する理由をノートに書かせる。

（『向山洋一年齢別実践記録集 第20巻』教育技術研究所、1997年、103〜104頁）

　ここから、「一番だめだと思う意見」について1つずつ議論していく。

　デジタル・シティズンシップ教育の場合、どれか1つに特定する必要はない。子どもたちが、それぞれの行動・対応のメリットとデメリットを知ることで、よりよい行動・対応を考える足場ができる。

（7）行動の決定

　議論したあと、最後に次のように問う。

この場面で、あなたなら何をしますか。

「自分事」として考えさせるのである。

　ノートに意見を書かせ、次々と発表させる。自分の意見がまとまっていく。

（8）感想

　授業の最後に、感想を書かせる。

「友だちの発表を聞いて、自分の考えが変わった人は、さらによりよい方法を感想に書いておきなさい」と伝える。

　最後の意見発表で、友だちの意見を聞き、変わる子がいる。変わってよい。

よりよい行動を考え続けることで、子どもたちはICT機器の正しい使い方を学んでいく。

5. 各教科書会社別 「デジタル・シティズンシップ教育」カリキュラム

「デジタル・シティズンシップ教育」を系統的に行うためには、カリキュラムが必要である。

common sense educationでは、6つのデジタルスキルを幼稚園から高校3年まで系統的に指導するカリキュラムがホームページ上に掲載されている。

その項目を翻訳し、まとめたものが以下の一覧表である。

↑「common sense education」の概要とカリキュラム

道徳教科書を使った「デジタル・シティズンシップ教育」カリキュラム

	メディアと規則正しい生活のバランス	個人情報	著作権肖像権	学校や家で使うときの「ルール」
日本文教出版	・カスミと携帯電話【6年】	・自分を守る力って【6年】	・のりづけされた詩【5年】	・ちゃんと使えたのに【3年】
東京書籍	・やめられない？とまらない？【4年】	・その遊び方、だいじょうぶ？【5年】		
光村図書	・やめられない【3年】		・角がついたかいじゅう【2年】 ・気に入らなかった写真【6年】	・みんながつかうばしょだから【1年】
学研みらい		・カマキリ【4年】	・アップするの？【5年】 ・のりづけされた詩【6年】	・家のパソコンで【3年】
学校図書		・だいじょうぶかな【4年】	・たんていのつもりが【5年】 ・さくらちゃんはだれのもの？【6年】	・ゲームをしていたつもりなのに【2年】
教育出版	・食事中のメール【6年】	・教えていいのかな【2年】 ・守りたい自分のじょうほう【4年】	・参考にするだけなら【5年】 ・情報について考えよう【6年】	
光文書院	・本当にだいじょうぶ？【6年】 ・携帯電話やスマートフォンの使用時間【6年】	・ネットマナーをみにつけよう【2年】	・だれの研究？【5年】	・スマートフォン(スマホ)ってどうやってつかうの?【1年】 ・ルールがないとどうなるの？【1年】
廣済堂あかつき	・夜ふかししたら【3年】 ・達也の転校【6年】	・少しだけなら【4年】		

☐ ─対象の教材がないエリア。

	チャット・SNSへの正しい投稿の仕方	ネット上でのコミュニケーション	ネットいじめ	ニュースとメディアリテラシー
日本文教出版	・交換メール【4年】 ・知らない間のできごと【5年】	・ひつじかいの子ども【1年】 ・おにいちゃんの電話【2年】		・ほんとうのことだけど…【6年】
東京書籍	・たんじょう日カード【2年】	・ひみつの手紙【3年】	・いたずらがき【1年】	・あなたはどう考える？【6年】
光村図書	・つまらなかった【4年】	・あいさつって【5年】		
学研みらい	・さるきちのいたずら【1年】		・会話のゆくえ【6年】	・みんなのニュースがかり【2年】
学校図書	・ちょっと待って【4年】	・言葉のまほう【3年】 ・すれちがい【5年】		・羊飼いの指輪【6年】
教育出版	・かわいくない【4年】 ・知らない間のできごと【5年】	・くまさんのおちゃかい【1年】	・だれかをきずつける機械ではない【5年】	・新関係【3年】
光文書院	・おかあさんとのやくそく【2年】	・約束【5年】 ・ゲームのやくそく【4年】	・グループ外し【6年】	・インターネットのじょうほうはかならずただしいの？【3年】 ・インターネットの落としあな【4年】 ・スマホと上手に付き合うために【5年】
廣済堂あかつき	・けいじばんのらくがき【1年】	・インターネット上の自由と責任【6年】		・みんなのニュースがかり【2年】 ・だれも知らないニュース【5年】

日本には、「デジタル・シティズンシップ教育」に関するカリキュラムがない。

そこで、common sense educationのカリキュラムをベースに、各教科書会社の情報モラル教材を日本に合う形で8つのデジタルスキルに分類し、カリキュラムを作成した（前頁を参照）。

日本の教科書には、「ルールづくり」と「メールやSNSへの投稿」に関する教材が多数掲載されていることから、この2つのスキルを追加した。

前頁のカリキュラム表を見ていただけるとお分かりの通り、1社を除き、どの教科書もすべてのスキルを網羅しているわけではない。

この扱われていないデジタルスキルを、どのようにして補うのか。

本書の目的は、ここにある。

> 扱われていないデジタルスキルは、本書のワークシートを活用して授業を行い、子どもの「デジタル・シティズンシップ」を育てていただきたい

ということなのである。

第2〜3、5章では、コピーしてそのまま使える「ワークシート」（巻末のQRコード／URLからダウンロードも可）と「発問・指示」をセットにして紹介している（なお、ワークシート冒頭の各教材文（「お話」）は、すべて筆者が作成したものである）。

教室に持ち込んで、そのまま授業することが可能である。

ぜひ、ご活用いただければと思う。

道徳教科書で創る
「デジタル・シティズンシップ」の授業プラン　わたしのスキル：〈安全〉篇

執筆担当：堀田和秀

本章のポイントと授業プラン

　情報端末を安全に活用するためには、まず「自分自身が安全に活用するスキルを身につけていること」が大切である。

- ●情報端末を見る時間を、自制するスキル
- ●個人情報を、知らない人に教えないスキル
- ●著作権や肖像権について理解し、相手の権利を尊重するスキル

　このような情報活用スキルは、自然に身につくものではない。

　子どもたちが実際に端末に触れる中で、大人が１つ１つ教えることで、はじめてスキルとして身についていく。

　この章では、自分自身の活用スキルを、議論を通して学ぶ授業を提案する。

◀ 授業プラン ▶

1. 「メディアと規則正しい生活のバランス」に関する授業

　　低学年：「ゲームの使い方」に気をつけよう！

　　高学年：「使用時間」「タイミング」を考えて、スマホを使おう！

2. 「個人情報」に関する授業

　　低学年：「知っているかもしれない人」からの電話に対応しよう！

　　高学年：個人情報を求められたときの対処法を考えよう！

3. 「著作権・肖像権」に関する授業

　　低学年：友だちの作ったものは、勝手に触らない！

　　高学年：写真をインターネットに投稿するときの「マナー」

4. 「学校や家で使うときの『ルール』」に関する授業

　　低学年：パソコンやタブレットのルールを考えよう！

1-①.「メディアと規則正しい生活のバランス」に関する授業 低学年

「ゲームの使い方」に気をつけよう!

〈関連する教材〉

●「夜ふかししたら」(廣済堂あかつき 3年)
【要旨】夜ふかしをしたことでいろんな問題が起こった主人公の 1 日を通して、どのような生活を送ることがよいのかを考える

小学校低学年の時点で、携帯電話やスマホを使っている子どもはそれほど多くはないと思われるかもしれない。

しかし、ある調査によると、小学 1 年生でスマホやフィーチャーフォンの利用率は 41%、小学 2 〜 3 生で 52% となっており、

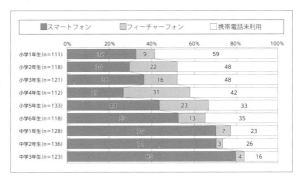

半数近くの子どもが使っていることが明らかになっている(上図：モバイル社会研究所「モバイル社会白書2021年版」https://www.moba-ken.jp/whitepaper/21_chap5. html 参照)。

また、「自分自身のスマホを持っている」と回答した児童は、小学 1 〜 3 生で約 2 割であり、所持率も確実に増えている。

さらに、GIGAスクール構想により 1 人 1 台端末が配付されたことで、すべての子どもが情報機器を身近に持つ時代となった。

携帯電話やスマホ、タブレットを規制をかけて使わせないのではなく、「日常生活とメディアのバランスをよりよくするためにどうするのか」を、小学校低学年から教えることが大切である。

年　　組　　名前（　　　　　　　　　　　）

1 次のお話を読みましょう。（聞きましょう）

　　3年生のいさむは、クリスマスプレゼントに新しいゲーム機を買ってもらった。それがうれしくて、友だちのよしおと近くの広場でいっしょにゲームをすることにした。すべり台のところにすわりこんでゲームをしていた。小さい子があそびに来ても気づかず、他の友だちから「あそぼう」と言われてもむししてゲームをやり続けた。広場からゲームをしながら帰っていたので、もう少しで車にひかれそうになったが、気にせずゲームをやり続けた。
　　その日の夜、いさむはお家の人に見つからないように、夜の12時までゲームをやり続けた。
　　次の日、いさむは体調がわるくなり、学校を休んだ。

2 登場人物を、下の□に書きましょう。
　　また、主人公を赤えんぴつで〇でかこみましょう。

3 いさむくんのゲームの仕方は、何がよくなかったのですか。
　　下の□に書きましょう。

すべり台でゲームをすると、すべり台であそびたい子があそべなくなるよ。いさむくんは、ほかにもよくない使い方をしているね。

30

4 いさむくんは、楽しくゲームをするために何をすればよいでしょうか。

1つえらんで、番号に○をつけましょう。

1．お家の人にゲーム機をあずかってもらって、やりたいときに返してもらう
2．お家の人といっしょにルールをきめて、きちんと守る
3．楽しければいいので、自分のすきな時間にすきなように使う
4．その他（下にあなたの意見を書きましょう）

〈そのように考えた理由〉

5 一番よくないと思うのは、1～4のどの考えですか。番号を書いて、理由も書きましょう。

（　　）番は、よくないと思う。

【みんなで話し合ったことを、メモしよう】

Check

夜おそくまでゲームをしないためのルールを考えよう

ゲームを夜おそくまでしないようにするために、あなたならどのようなルールを作りますか。守れそうなルールを考えて、下に書きましょう。

授業中の「発問」「指示」「留意点」

1．ゲームの使用時間をチェックする

> **発問1**　あなたは、毎日ゲームを何時間していますか。

「1時間までの人?」「1～2時間の人?」「2～3時間の人?」「3時間以上の人?」
と聞き、手を挙げさせて分布を確認する。

> **発問2**　ゲームは、何時ごろにやっていますか。

ノートに書かせ、発表させる。3時間以上の子の場合、夜遅くにやっている可
能性が高い。どの時間帯にゲームをしているのか、確認しておく。

2．教材文を読み聞かせる

①の教材文を、ゆっくり読み聞かせる。

3．登場人物と主人公を問う

教材文を読み聞かせたあと、次のように問う。

> **発問3**　登場人物は、誰ですか。
> **指示1**　ワークシートに書きなさい。

登場人物は、「いさむ」と「よしお」。

主人公は、「いさむ」となる。赤鉛筆で○をつけさせる。

4．主人公の使い方の「問題点」を洗い出す

> **発問4**　いさむくんのゲームの仕方は、何がよくなかったのですか。
> **指示2**　ワークシートに、①②……と箇条書きにしなさい。

3分程度ワークシートに書かせたあと、「列指名」や「指名なし」で発表させる。

「小さな子がすべり台で遊びたいのに、すべり台に座ってゲームをした」「友だちに声をかけられても無視してゲームをした」「帰りながらゲームをしていた」「夜遅くまでゲームをしていた」などの意見が出る。

　低学年なので、どんな意見が出てもすべて認め、「よく知ってるね」とほめていく。

５．ゲームを楽しく使うための方法を検討する

> **発問５**　いさむくんは、楽しくゲームをするために何をすればよいでしょうか。

　選択肢から１つ選んで○をつけ、そう考えた理由も書かせる。

　理由が書けたら、それぞれの意見を発表させる。

> **発問６**　一番よくないと思うのは、１〜４のどの考えですか。
> **指示３**　番号を書いて、理由も書きましょう。

　それぞれの意見に、メリット・デメリットがある。

　自分の考えをたくさん出すことで、子どもたちなりによりよいゲームの使い方を考えていく。

６．「夜遅くまでゲームをしないためのルール」を考える

> **発問７**　ゲームを夜遅くまでしないようにするために、あなたならどのようなルールを作りますか。守れそうなルールを考えて、下に書きましょう。

　この教材文の主人公は、ゲームの使い方にたくさんの問題点があった。

　そのうちで、「夜遅くまで使っていた」という部分に特化する。低学年の場合、一度にたくさんのことを考えさせようとすると、混乱してしまうためである。

　夜遅くならないためのルールを、子どもたちに考えさせる。

「８時からは使わないようにする」「ゲームは１日に１時間までにする」「守れなかったら、ゲームをお家の人に預ける」などの意見が出るだろう。

　このようにして発言したルールを、子どもたちは守ろうとするものである。

デジタルスキル①
「メディアバランスと幸福」

common sense educationの〈デジタル・シティズンシップ 6つのスキル〉の1つに、「メディアバランスと幸福」がある。

common sense educationでは、このスキルの授業について、次のように書いている。

> ネットに永続的に接続されていることの恩恵は、一方で同時に私たちの心の健康に危機をもたらしませんか。この問いは、特に子どもたちにとって重要なものです。私たちの、メディア・バランスと、より良く生きるための授業は、彼らに自分のメディアの使い方を省みる余裕をもたらします。
>
> （「common sense education」HPより：堀田訳）

インターネットに接続されていることで、たくさんのメリットがある。「すぐに新しい情報が手に入る」「いつでも、どこでも、検索できる」など、インターネットによって私たちの生活は便利になった。その一方で、通常の生活とのバランスが崩れ、身体および精神の健康が害されてしまうことも少なくない。

"インターネットの便利さと健康のバランスをきちんと保って、メディアを上手に活用しましょう"ということを教えるのが、「メディアバランスと幸福」の授業である。common sense educationのグレード2「Device-Free Moments（デバイスを使わない時間）」では、次のような発問で授業が組み立てられている。

> ・デバイスを使わない方がよい時は、どんな時ですか。
> ・「安全」「他者への尊重」「集中」「睡眠」、この4つを妨げる場合は、デバイスを使わない方がいいです。
> ・家族の「デバイスルール」を、あなたが作ります。どのようなルールを作りますか。

デジタル・シティズンシップ教育は、「積極的に使う」ことを前提としているが、健康を害することについてもきちんと教え、自らをコントロールできるように授業が設計されている。デジタルデバイスの危険を伝え、ダメなものはダメと教えることも大切である。

1-②.「メディアと規則正しい生活のバランス」に関する授業 【高学年】

「使用時間」「タイミング」を考えて、スマホを使おう!

〈関連する教材〉

● 「やめられない? とまらない?」(東京書籍4年)
【要旨】食事中のメールや夜遅くまでゲームをすることについて、対処法を考える

● 「食事中のメール」(教育出版6年)
【要旨】食事中に友だちから来たメールに対し、どのように対応すればよいかを考える

● 「本当にだいじょうぶ?」(光文書院6年)
【要旨】朝から晩までスマホを触っている主人公に対して、使う場面や時間などをどうすればよいかを考える

● 「携帯電話やスマートフォンの使用時間」(光文書院6年)
【要旨】携帯・スマホの使用時間のグラフから、携帯・スマホとの付き合い方を考える

● 「達也の転校」(廣済堂あかつき6年)
【要旨】転校した友だちとのメールのために使っていたタブレットで動画を見続けてしまった主人公の行動から、節度のある情報機器の使い方を考える

携帯電話・スマホは、今や生活必需品となりつつある。高学年なら、自分のスマホを持っている子も少なくない。

スマホの使用時間は、小学校高学年で平均2時間程度。中学生になると平均3時間程度になり、高校生においては平均4時間程度となっている(内閣府「平成30年度 青少年のインターネット利用環境実態調査」より)。

スマホ依存になり、スマホが手放せない子も年々増加の一途をたどっている。

スマホの使用時間と生活リズムのバランスをよくするための学習が必要である。

1 次のお話を読みましょう。（聞きましょう）

　　6年生のあきおは、「ちゃんと正しく使う」という条件で、誕生日に待ちに待ったスマホを買ってもらった。

　　次の日から、親友のまさきとメッセージのやりとりが始まった。まさきからすぐにメッセージが来るのがうれしくて、ごはんのときも、お風呂に入ってもメッセージのやりとりをしていた。やりとりに夢中で、夜12時を過ぎることもあったが、少しずつその生活に慣れてきたような気がしていた。

　　ある日、学校の朝礼でまさきが倒れた。「夜ふかし」が原因だった。「あきおからメッセージが来るのがうれしくて、『もうやめよう』って言えなかった」と言うまさきの顔を見ながら、あきおは考えこんでしまった。

2 登場人物を、下の□に書きましょう。
　　　また、主人公を赤えんぴつで〇でかこみましょう。

3 あきおくんのスマホの使い方は、何がよくなかったのですか。
　　　下の□に書きましょう。

「ちゃんと正しく使う」って、どういう使い方だろう。
友だちと話し合ってみよう。

36

4 あきおくんは、スマホの使い方をどのようにすればよいでしょうか。

1つ選んで、番号に○をつけましょう。

1. スマホの使える時間を自分で決めて、守る

2. スマホをお家の人にあずかってもらって、必要なときだけ出してもらう

3. 遅いときは、友だちに「やめよう」というメッセージを送る

4. その他（下にあなたの意見を書きましょう）

〈そのように考えた理由〉

5 一番うまくいかないと思うのは、1～4のどの意見ですか。番号を書いて、理由も書きましょう。

（　　）番は、よくないと思う。

【みんなで話し合ったことを、メモしよう】

Check

夜遅くのメッセージのやりとりを止める「メッセージ」を書いてみよう

仲のよい友だちとの関係が悪くならないように、「夜遅いから、やりとりをやめよう」という内容のメッセージを書いてみましょう。（絵文字やスタンプもOK）

授業中の「発問」「指示」「留意点」

1．普段の使用時間をチェックする

> **発問1** スマホやタブレットを、毎日何時間ぐらい使っていますか。

　ノートに書かせ、「1時間までの人？」「1〜2時間？」「2〜3時間？」「3時間以上の人？」と分布を確認する。
　もう一歩突っ込んで、「自分のスマホを持っている人？」と、個人のスマホやタブレットの所有についても確認する。

2．教材文を読み聞かせる
　①の教材文を、ゆっくり読み聞かせる。

3．登場人物と主人公を問う
　教材文を読み聞かせたあと、次のように問う。

> **発問2** 登場人物は、誰ですか。
> **指示1** ワークシートに書きなさい。

　登場人物は、「あきお」と「まさき」。
　主人公は、「あきお」となる。赤鉛筆で○をつけさせる。

4．主人公の使い方の「問題点」を洗い出す

> **発問3** あきおくんのスマホの使い方は、何がよくなかったのですか。
> **指示2** ワークシートに、①②……と箇条書きにしなさい。

　3分程度ワークシートに書かせたあと、「列指名」や「指名なし」で発表させる。「ごはんのときにスマホを触っていた」「お風呂のときもスマホを触っていた」「夜遅くまでスマホを触っていた」などの意見が出る。

5．よりよいスマホの使い方を検討する

> 発問4　あきおくんは、スマホの使い方をどのようにすればよいでしょうか。

選択肢から1つ選んで○をつけ、そう考えた理由も書かせる。

理由が書けたら、それぞれの意見を発表させる。

> 発問5　この中で、一番うまくいかないと思う方法はどれですか。
> 指示3　1つ選んで、そう考える理由を書きなさい。

　複数の意見が存在する場合、意見の絡ませ方が複雑になるため、討論が成立しにくい。そこで、「一番うまくいかない方法」を1つ選ばせる。そして、「この方法に賛成か、反対か」で討論させる。

　最初は、班のような小グループで意見交流をさせてから、全体で討論させることで、全体の場でも意見を言いやすくなる。

6．「やりとりをストップするメッセージの送り方」を考える

　ここで、「自分事」として考えさせる発問を行う。

> 指示4　仲のよい友だちとの関係が悪くならないように、「夜遅いから、やり
> とりをやめよう」という内容のメッセージを書いてみましょう。

　今回の問題の1つが、「夜遅くのメッセージのやりとり」である。

　このやりとりを止めるメッセージの送り方は、思っている以上に難しい。メッセージの送り方を間違えると、友だちとの関係を悪化させる可能性もある。

　友だちとの関係が悪くならないように、誤解を受けないメッセージの送り方を教えておく必要がある。絵文字やスタンプを効果的に使うことも具体的に教える(第3章第1節「『チャット・SNSへの正しい投稿の仕方』に関する授業」も参照)。

　メッセージが書けたら、黒板に書いて共有させる。友だちのメッセージを知ることで、よりよい対処法が増える。タブレットで写真に撮り、ロイロノートやGoogle Classroom等で共有することも有効な方法である。

コラム

脳科学の知見からみた 「スマホの使用時間」

スマホやタブレット、PCの画面を見る時間のことを「スクリーンタイム」と呼ぶ。

このスクリーンタイムがメンタルヘルスや睡眠に影響を与える、とスウェーデンの精神科医アンデシュ・ハンセン氏は述べている。

極端なスマホ使用は、ストレスと不安を引き起こし、睡眠を妨げる。

ハンセン氏は、自身の著書の中で、次のように述べている。

> 1日のスクリーンタイムは何分までならいいのか、分単位で推奨するのは難しいが、どうしても具体的な数字が欲しいなら、大人も子供も仕事や勉強以外でスマホ他のスクリーンに費やしていいのは最長で2時間だ。(中略) 8歳未満の子供なら1時間が限度だ。
>
> (アンデシュ・ハンセン『スマホ脳』新潮新書、久山葉子訳、2020年、246〜247頁)

スクリーンタイムを1〜2時間に制限するのは、非常に難しい。

LINEを見て返信したり、FacebookなどのSNSに投稿したりしているだけで、あっという間に2時間程度は過ぎてしまう。

スクリーンタイムを減らすためには、見ている時間を"視覚化"する必要がある。

たとえば、AppleのiPhoneやiPad、macbookなどには、「スクリーンタイム」という機能が最初から搭載されている。このスクリーンタイム機能をオンにしておけば、自分が毎日どれぐらい画面を見ているのかが分かる。

Androidのスマホには、この機能が搭載されていないため、スクリーンタイムをチェックするアプリをインストールしておく。たとえば、次のアプリがオススメである。

- スマホ依存対策スクリーンタイム (StayFree)
- スクリーンタイム-自制とペアレントコントロール (IRIDIUM DUST LIMITED)

スクリーンタイムを減らすことの大切さや具体的な方法を、子どもたちにも教えることは、教師の大切な仕事である。

このような話を少し加えるだけで、知的な授業となる。

2−①.「個人情報」に関する授業 　低学年

「知っているかもしれない人」からの電話に対応しよう!

〈関連する教材〉

● 「ネットマナーをみにつけよう」(光文書院 2 年)

【要旨】パソコンやスマートフォンについて、「ネット上での言葉づかい」や「個人情報の取扱」について、クイズ形式で学習する

....

「個人情報」は、多岐にわたる。

　例えば 、次のようなものである。

---

　①自分の名前

　②住所や電話番号

　③個人写真

　④マイナンバー

　⑤オンライン上の ID とパスワード

　⑥クレジットカード番号と暗証番号

　このような「個人が特定できる情報」は、知らない人とは絶対に 共有してはいけない。

　低学年の子どもたちにとって、最も身近な個人情報は「自分の名前」と「電話番号」である。

　名前と電話番号は、インターネットに関係なく、登下校中に聞かれたり、電話対応の中で聞かれたりすることも多い。

　低学年でも、「名前も電話番号も『個人情報』であり、知らない人には絶対に教えてはいけない」という感覚を持たせることが大切である。

　そのためには、個人情報に関する授業を、低学年のうちから行う必要がある。

第2章　道徳教科書で創る「デジタル・シティズンシップ」の授業プラン わたしのスキル：〈安全〉篇

41

年　　組　名前（　　　　　　　　　　）

1 次のお話を読みましょう。（聞きましょう）

　　ある日の夕方、2年生のみさきがリビングで本を読んでいると、電話が鳴った。だれもいなかったので、みさきは電話に出ることにした。

　「いつもおせわになっております。山田と申します。お母さんはいますか？」と言われ、友だちの山田さくらさんのお母さんだと思い、安心していた。

　「いそぎのれんらくで、クラスの佐藤さんに電話しないといけないんだけど、よく分からないので、教えてもらえないかな？」と言われた。

　佐藤さんはなかよしなので、電話番号は知っているけれど、「人に電話番号を教えてはいけないよ」とお父さんからも言われている。みさきは、電話番号を教えてもいいかどうかまよってしまった。

2 登場人物を、下の□に書きましょう。
　　また、主人公を赤えんぴつで〇でかこみましょう。

```
┌─────────────────────────────────────┐
│                                     │
│                                     │
└─────────────────────────────────────┘
```

3 電話をかけてきた「山田さん」は、山田さくらさんのお母さんではないかもしれません。その理由を、下の□に書きましょう。

```
┌─────────────────────────────────────┐
│                                     │
├─────────────────────────────────────┤
│                                     │
├─────────────────────────────────────┤
│                                     │
├─────────────────────────────────────┤
│                                     │
└─────────────────────────────────────┘
```

「山田さくらさんのお母さんだ」と分かるためには、何が分かればいいかな？
たとえば「顔」が分かればだいじょうぶ！　他には何があるかな？

42

4 みさきさんは、この場面でどうすればよいでしょうか。

1つえらんで、番号に○をつけましょう。

1. 知っている人なので、電話番号を教える

2. 「教えられません」とハッキリとことわる

3. その他（下にあなたの意見を書きましょう）

〈そのように考えた理由〉

【みんなで話し合ったことを、メモしよう】

Check

知っているかもしれない人からの電話に対応しよう

もしあなたが、みさきさんの立場だったら、この場面で何をしますか。

あなたが「こうする！」と思った行動を書きましょう。

授業中の「発問」「指示」「留意点」

1．家で電話に出た経験があるかをチェックする

> **発問1** 家で、電話に出たことがありますか。

手を挙げさせて確認する。

電話に出た経験がある子に対して、「誰からかかってきましたか」「○○くんは、そのとき電話で何をしゃべりましたか」と突っ込んで聞く。

友だちの電話応対の様子を聞くことで、経験のない子の内部情報（知識）を高めるようにする。

2．教材文を読み聞かせる

□の教材文を、ゆっくり読み聞かせる。

3．登場人物と主人公を問う

教材文を読み聞かせたあと、次のように問う。

> **発問2** 登場人物は、誰ですか。
> **指示1** ワークシートに書きなさい。

登場人物は、「みさき」と「山田さんのお母さん」。

低学年の場合、「佐藤さん」や「お父さん」も出る可能性がある。子どもの発言をほめたあと、「『佐藤さん』や『お父さん』は、この場面でお話ししたり、動いたりしていないよね」と確認し、登場人物からは外しておく。

主人公は、「みさき」である。赤鉛筆で○をつけさせる。

4．「山田さん」は、本当に山田さくらさんのお母さんかどうか検討する

> **指示2** 電話をかけてきた「山田さん」は、山田さくらさんのお母さんではないかもしれません。そう考えられる理由を書きましょう。

「声だけなので、分からない」「『山田です』としか言っていないので、違う山田さんかもしれない」「電話番号を聞くということは、このクラスのことを知らないのかもしれない」などの意見が出る。

　低学年の場合、「電話の相手が、必ずしもその本人であるかどうかは分からない」ということを確認しておかなければ、このあとの議論が成立しにくくなる。

５．知り合いかもしれない人からの電話への応対を検討する

> 発問３　みさきさんは、この場面でどうすればよいでしょうか。

　選択肢から１つ選んで○をつけ、そう考えた理由を書かせる。

　選択肢は、「教える」か「教えない」かの２択にしているが、「他にも『こんなふうにすればいいよ』という考えがあったら、『③その他』を選んで、そのやり方を書いてごらんなさい」と指示する。

　知り合いかもしれない人からの電話である。キッパリと断るのではなく、「親に相談してからにする」や「やんわりと断る」などの方法もあるはずである。

　３分の２程度の子どもが理由を書き終えたら、それぞれの意見を発表させる。

　１年生なら、意見を発表するだけで十分だ。友だちの意見を聞くだけで学びがある。

　２〜３年生なら、「友だちの意見をメモして、反論を考えなさい」と指示し、議論させることで、学びはより深くなる。

６．自分事として、電話の応対を考える

> 発問４　もしあなたがみさきさんの立場だったら、この場面で何をしますか。
> 指示３　あなたの行動を書きましょう。

「自分事」として考えさせるのである。

「電話番号を教えるか教えないか」の２択ではなく、「『お家の人が帰ってきてから電話するように言います』と応える」とか「『ごめんなさい。お家の人に教えてはいけない』と言われているんです」など、様々な応え方がある。

　このようにして、多面的・多角的な考え方を、子どもたちは身につけていく。

コラム

「common sense education」とは?

　本書では「common sense education」という言葉が繰り返し出てくる。これは、第1章で触れた「Common Sense」という団体が行っている教育活動のことである。

　では、「Common Sense」とは、どのような団体なのか。彼らのホームページには、次のように書かれている。

> Common Senseは、21世紀をより良く生きるために必要な、信頼できる情報、教育、独立した意見を提供することにより、すべての子どもたちと家族の生を向上させることに奉仕する、国内有数のNPO（非営利組織）です。
>
> 　　　　　　　　　　　　　　　　（「common sense education」HPより：堀田訳）

　「21世紀に繁栄するために必要な情報・教育」とは、メディア教育であり、デジタル・シティズンシップ教育である（Common Senseがどのような団体であるかを含め、詳しくは右のQRコードより、ホームページをご覧いただきたい）。

↑「Common Sense」
ホームページ

　「common sense education」の優れているところは、次の点である。

> ①幼稚園〜高校3年までの、デジタルスキルごとのカリキュラムが明確に示されている。
> ②それぞれの授業の「授業コンテンツ」「教材動画」「ワークシート」「指導案」がホームページ上に無料で公開されている。

　カリキュラムが明確に示されているので、どの段階で、どのような内容の学習をすればよいかが一目瞭然である。

　さらに、その学習に必要なコンテンツやワークシートがそのまま公開されているため、授業者はダウンロードするだけで授業可能となる。指導案もついているので、そのまま発問・指示すれば、授業の質も保証される（コンテンツやワークシートをダウンロードするために、無料のアカウント登録は必要である）。

　日本のメディア教育を推し進めるためにも、ぜひ一度、見ていただければと思う。

2−②.「個人情報」に関する授業　高学年

個人情報を求められたときの対処法を考えよう!

〈関連する教材〉

● 「自分を守る力って」(日本文教出版6年)
【要旨】知らないお姉さんに電話番号を聞かれ、教えたことの是非を問う

● 「その遊び方、だいじょうぶ?」(東京書籍5年)
【要旨】ゲームキャラクターに顔や名前、住所を掲載してもよいかを考える

● 「だいじょうぶかな」(学校図書4年)
【要旨】動画をネットにアップするときには、何に気をつければよいかを考える

● 「守りたい自分のじょうほう」(教育出版4年)
【要旨】自分の好きなことのために名前や住所を聞かれたとき、何をするかを考える

● 「少しだけなら」(廣済堂あかつき4年)
【要旨】家で1人でパソコンをしているとき、名前や住所の入力を求められた場合に何をすればよいかを考える

　パソコンやタブレットを使っていると、「個人情報」の入力を求められることがある。

　自らの欲求を満たすために個人情報を入力してしまうと、知らないところから電話がかかってきたり、迷惑メールが入ってきたりすることがある。

　総務省調査「平成30年通信利用動向調査の結果」によると、スマホを利用している人の85%が「個人情報やインターネット利用履歴の漏洩」に不安をかかえていることが分かっている。大人でも、個人情報をどのように守ればいいのか分からない、というのが実際のところである。

　個人情報の守り方は、子どものころからきちんと教えておかなければいけないスキルの1つである。

年　　組　　名前（　　　　　　　　　　　）

① 次のお話を読みましょう。（聞きましょう）

　　ぼくと友だちのまさるは、クラスの新聞係である。いつも本やインターネットを使って新聞のネタを探している。

　　ある日、ぼくの家で新聞のネタを探していると、まさるがおもしろそうな生き物のホームページを見つけた。これなら、みんなが喜ぶ学級新聞が書けると思った。でも、先に進むには《名前を入力》しないといけない。ぼくは、あまり気が進まなかったが、まさるの「名前だけなら大丈夫だって！」という言葉に負けて自分の名前を入力した。

　　ところが、名前を入力したとたん、「お名前を登録しました」というあやしい画面が開いたので、あわてて電源を切ったが、これからどうなるのか不安になってしまった。

② 登場人物を、下の□に書きましょう。

また、主人公を赤えんぴつで○で囲みましょう。

③ 「ぼく」とまさおくんのパソコンの使い方は、何がよくなかったのですか。

下の□に書きましょう。

「名前を入力する」ことは、なぜダメなんだろう。
キーワードは、「個人情報」だよ。

4 まさるくんから「名前だけなら大丈夫！」と言われたとき、「ぼく」は
どうすればよかったと思いますか。

1つ選んで、番号に○をつけましょう。

1. 「個人情報だからダメだよ」と、ハッキリと断る

2. 新聞を作るためには必要情報なので、「太郎」など適当に名前を作って入
   力する

3. その他（下にあなたの意見を書きましょう）

┌───┐
│   │
│   │
└───┘

〈そのように考えた理由〉

┌───┐
│   │
├───┤
│   │
└───┘

5 あなたは、1〜3のどの意見に賛成ですか。

下の□に書きましょう。

（3を選んだ人は、だれの、どの意見に賛成かを書くようにしましょう）

┌───┐
│ わたしは（　　　）番の意見に賛成です。   │
├───┤
│   │
├───┤
│   │
└───┘

【討論したときの意見を、メモしよう！】

┌───┐
│   │
└───┘

Check

個人情報を聞かれたとき、どうするかを考えよう

パソコンやタブレットを使っているときに、名前や住所などの「個人情報」の入
力を求められた場合、どのように行動しますか。下に書きましょう。

┌───┐
│   │
│   │
│   │
│   │
└───┘

1. 教材文を読み聞かせ、レディネスをチェックする

教材文を読み聞かせたあと、次のように聞く。

> **発問1** 「名前や住所を入力してください」という画面を見たことがある人？

挙手で確認する。

見たことがある人には、「入力したことがある人？」と聞く。

個人情報の入力画面は、見たことがない子にはイメージしにくい。いきなり「見たことがある人？」と聞いても、答えようがない。

教材文を先に読み聞かせることで、入力画面の様子をイメージしやすくなる。スライドを使って入力画面のイラストを見せると、さらに効果的である。

このように、教材の内容によって、教材文の内容を読み聞かせてからレディネスチェックを行ってもよい。

2. 登場人物と主人公を問う

> **発問2** 登場人物は、誰ですか。ワークシートに書きなさい。

登場人物は、「ぼく」と「まさお」。

主人公は、「ぼく」となる。赤鉛筆で〇をつけさせる。

3. 主人公のパソコンの使い方の「問題点」を洗い出す

> **発問3** ぼくとまさおくんのパソコンの使い方は、何がよくなかったのですか。

3分程度ワークシートに意見を書かせる。書いた意見を、次々と発表させる。「子どもだけでパソコンを使ったのがよくない」「名前を入れたのがよくない」「名前を相手に送ってしまったのがよくない」などの意見が出る。

4. 個人情報を問われたとき、どのようにすればよいかを検討する

> **発問４**　まさるくんから「名前だけなら大丈夫！」と言われたとき、ぼくは
> どうすればよかったと思いますか。

　選択肢から１つ選んで○をつけ、そう考えた理由もワークシートに書かせる。
　この教材では、「その他」の意見も重要である。
　たとえば、「まさおくんの名前を書けばよい」という意見や「お家の人に電話する」など、検討に値する意見が出る可能性が高い。
　「その他」の意見は、黒板に意見を書かせ、③④⑤……と番号を書いておく（JamboardやGoogle Classroom等を活用して、意見を共有してもよい）。

> **発問５**　１〜○の意見で、どの意見に賛成ですか。

　ワークシートに意見を書かせ、議論させる。
　自分の意見を主張することも大切だが、友だちの意見について「○○さんの意見もよく分かるけど……」といった発言をした子もほめる。「他者理解」ができる子どもたちを育てるために必要な技術である。

５．「個人情報」を聞かれたときの対処法を考える

　最後に、このお話を「自分事」として考えさせる発問を行う。
　「自分ならどうするか」を考えさせることが、道徳の授業では重要になる。

> **発問６**　パソコンやタブレットを使っているときに、名前や住所などの「個
> 人情報」の入力をもとめられたとき、あなたならどのように行動し
> ますか。

　子どもたちからは、「お家の人に相談する」「何のための入力なのか、よく読んでから入力する」「入力せずに×ボタンを押す」などの意見が出る。
　子どもたちが出した意見について、「誰の方法が一番よいと思うか」と問い、突っ込んで議論させる。
　議論する中で、子どもたちは「個人情報の扱い」に関するスキルを学んでいく。

デジタルスキル②
「プライバシーとセキュリティー」

common sense educationの〈デジタル・シティズンシップ　6つのスキル〉の1つに、「プライバシーとセキュリティー」がある。

「プライバシー」とは、日本で言う「個人情報」にあたる。

日本と海外の個人情報の取り扱いには、何か違いがあるのだろうか。

日本の教科書教材に掲載されている情報モラル教材のほとんどは、「個人情報を流すことに対して否定的」な内容が多い。

それに対し、common sense educationの「プライバシー」に関する捉え方は違う。

> あなた自身についての情報を分かち合う（シェアする）ことは自然で健康的であり、良い絆と個人の成長をもたらすでしょう。その一方で、このことは安全面でのリスクにもなり得ます。生徒たちは、個人情報を盗まれる、金銭的な搾取を受けるなどの、そこに潜む有害な帰結に注意を払われねばなりません。
>
> （「common sense education」HPより：堀田訳）

海外では、個人情報を共有することを前向きに捉えている。

もちろん、扱い方によっては危険なこともあることを踏まえた上で、である。

common sense educationでは、グレード4で「Private and Personal Information（プライベートと個人情報）」というレッスンがある。

このレッスンでのメイン発問は、次の通りである。

> 個人情報には、共有してもよい情報と共有してはいけない情報があります。
> ビデオを見て、共有してもよい情報とそうでない情報について考えてください。

映像を見て考えさせたあと、「自分の趣味や好きな食べ物や映画などの情報は共有してもよいが、自分の名前や住所などのプライベートな情報は共有してはいけない」ということを教える。

日本の教育でも、「共有してもよい情報」と「共有してはいけない情報」を分けて考えていく視点を教えることが必要になる。

3－①.「著作権・肖像権」に関する授業 低学年

友だちの作ったものは、勝手に触らない！

〈関連する教材〉

●「角がついた　かいじゅう」(光村図書2年)
【要旨】友だちが粘土で作った作品を「もっとよくしよう」と勝手に触った主人公の行動から、友だちの作品をどのように扱えばよいかを考える

著作権・肖像権について、子どもたちはほとんど意識してはいない。

大人でも、著作権や肖像権を意識して行動している人は、それほど多くない。

ほとんどの家庭で、インターネットを自由に使える時代になった。

とても便利になった反面、次のような問題が増えている。

ネット上にアップされているポスターや作文を、許可なくそのまま模倣し、自分の作品にしてしまう

これは、著作権法違反となる。著作権について詳しく知りたい方は、右のQRコードからアクセスできる頁の記載を参考にしていただきたい。

↑ みんなのための
著作権教室

教室の中でも同じことが言える。

友だちが作った「作文」「絵」「立体作品」などには、著作権が発生する。

勝手に友だちの作品を作りかえたり、つけ足したりすることは、法律上許されない。

もちろん、学校は教育の場であり、このことで罰せられることはない。しかし、低学年のうちから、著作権や肖像権について知っておくことは大切である。

「友だちの作品を勝手に触ったり、作りかえたりしてはいけない」

このことだけでも、低学年のうちに教えておきたい。

年　　　組　　名前（　　　　　　　　　）

1 次のお話を読みましょう。（聞きましょう）

　　1年生のかずおは、絵をかくのがだいすき。休み時間にはいつもらくがきノートに絵をかいて遊んでいた。友だちからも、「かずおくんは絵が上手だね」と言われていた。

　　ある日、イラスト係のくにおがかいた『きょうりゅうのイラスト』がけいじ板にはられた。そのイラストを見たかずおは、「"つばさ"とか"キバ"とかをつけ足したら、かっこよくなる！」と思って、えんぴつできれいにかき足してあげた。

　　ところが、次の休み時間、くにおが「勝手にかいたのはだれ？」と言っておこっている。かずおは、「かっこよくしてあげたのに、なんでおこっているんだろう？」と首をひねった。

2 登場人物を、下の□に書きましょう。
　また、主人公を赤えんぴつで〇で囲みましょう。

3 かずおくんのやったことで、よくなかったのはどこですか。
　下の□に書きましょう。

友だちががんばって作った絵を、かってにかきかえてもいいのかな？　考えてみよう。

54

4 かずおくんは、イラストがもっとかっこよくなると思ったとき、何を すればよかったと思いますか。

1つえらんで、番号に○をつけましょう。

1．友だちの作ったものなので、さわらないようにする

2．くにおくんに「もっとこうすればいいよ」と教えてあげる

3．くにおくんに「ぼくがかいてもいい？」と聞いてから、かき足すようにする

4．その他（下にあなたの意見を書きましょう）

〈そのように考えた理由〉

【みんなで話し合ったことを、メモしよう】

Check

友だちの「まね」をしたくなったらどうするか、考えよう！

友だちがかいているキャラクターがとってもかわいいので、まねをしたくなりました。この場面で、あなたなら何をしますか。下に書きましょう。

1．自分の作品をかってに触られたときの感情を確認する

> **発問1** あなたが作ったイラストを、知らない間に友だちが勝手にかき換え
> ました。嬉しいですか。悲しいですか。

挙手で確認する。

感情を確認するときに、「どう思いますか」と聞くのはNGである。

低学年や発達障害を抱える子の場合、「どう思うか」と聞かれても感情を理解
できないので、答えようがない。

「嬉しいか、悲しいか」のように、選択肢を用意することで、答えることができる。

2．教材文を読み聞かせる

□の教材文を、ゆっくり読み聞かせる。

3．登場人物と主人公を問う

教材文を読み聞かせたあと、次のように問う。

> **発問2** 登場人物は、誰ですか。
> **指示1** ワークシートに書きなさい。

登場人物は、「かずお」と「くにお」。「友だち」もしゃべっているので、登場人
物に加えてもよい。

主人公は、「かずお」となる。赤鉛筆で○をつけさせる。

4．主人公の「よくなかったところ」を洗い出す

> **発問3** かずおくんのやったことで、よくなかったところはどこですか。
> **指示2** ワークシートに、①②……と箇条書きにしなさい。

5分程度ワークシートに書かせたあと、「列指名」や「指名なし」で発表させる。
「友だちのイラストに勝手に付け加えたところ」「くにおくんに何も言わずに描い

てしまったところ」などの意見が出る。

　ここで、もう一歩突っ込んで次のように聞いてもよい。

| 発問4　かずおくんが描いてかっこよくなるんだったら、描いてもいいんじゃ |
| ない？ |

「かっこよくても、友だちが描いたものを勝手に触っちゃいけない」「かっこいい
と思っているのは、かずおくんだけかもしれない」など、著作権に多少触れるよ
うな意見が出るだろう。

5．「友だちの作品の取り扱い」について検討する

| 発問5　かずおくんは、イラストがもっとかっこよくなると思ったとき、何 |
| をすればよかったと思いますか。 |

　選択肢から1つ選んで○をつけ、そう考えた理由も書かせる。

　これは、意見が分かれ、議論となる。

　著作権法で考えれば、「触らない」のが正しい。しかし、学校はお互いに切磋
琢磨し、よりよいものを作り上げていく場でもある。そのためには、よりよい方
法を教えたり、確認した上でやってあげたりすることも1つの方法である。

6．友だちの作品を「模倣」したいときの対応を考える

　低学年でもう1つ扱っておきたいのが、「模倣」である。友だちの作品を真似し
たくなったときはどうすればよいのかを、子どもたちに教える必要がある。

| 発問6　友だちが描いているキャラクターがとってもかわいいので、真似を |
| したくなりました。この場面で、あなたなら何をしますか。下に書 |
| きましょう。 |

　④の問題で、勝手に触るのはよくないことを子どもたちは学んでいる。
「友だちに、『真似していい？』と聞く」「『○○ちゃんのキャラ、かわいい！』と言っ
てから真似させてもらう」などの建設的な意見が出てくる。

common sense educationにおける「著作権」

　著作権（Copyright）は、common sense educationの〈デジタル・シティズンシップ 6つのスキル〉に明確に位置づけられてはいない。「プライバシー」に近いが、著作権に関するプランは含まれていない。

　ただ、common sense educationのホームページに、「Creative Credit & Copyright」を学生に教える内容が掲載されている。学業や教育、レポート作成、コメディーやパロディーにおいて、次の4つのポイントを守ることで著作物を合法的に再利用できることを具体的に教えている。

①少量の使用
②非営利目的の利用
③別の方法で手直しして使用する
④新しい意味を追加してオリジナルにする

　なぜ、ここまで具体的に教える必要があるのか。

　子どもがインターネットに簡単にアクセスできる時代になり、誰もが次のようなことを知らず知らずのうちに経験しているからである。

　オンライン上で見つけた資料を、引用したことを示さずにそのままコピーアンドペーストして学校の勉強に使うことが盗用であることを、彼らは認識していないかもしれません。また、音楽や動画、ソフトフェアを違法にダウンロードして共有する（シェアする）ことが、著作権侵害（海賊版を作る行為）という窃盗の一つであることも分かっていないかもしれません。

（「common sense education」HPより：堀田訳）

　日本の子どもたちは、どうだろうか。

　インターネット上にアップされた読書感想文やポスターを、ほんのちょっと変化させて、そのまま提出する。友だちの写真を、何の疑いもなくSNSに投稿する……。

　日本でも、著作権や肖像権について、小学校低学年から教えなければいけない。そうした時代が、すでにやって来ていることの理解が求められている。

3-②. 「著作権・肖像権」に関する授業 高学年

写真をインターネットに投稿するときの「マナー」

〈関連する教材〉

● 「のりづけされた詩」（日本文教出版 5 年・学研みらい 6 年）
【要旨】詩集にあった詩の書き出しを自分の作品として使った主人公の行動から、人の作品をそのまま使うことの是非を考える

● 「気に入らなかった写真」（光村図書 6 年）
【要旨】勝手に写真を投稿したことに対し、人の写真を投稿するときのマナーを考える

● 「たんていのつもりが」（学校図書 5 年）
【要旨】あやしい人の写真を撮影したことに対し、人の写真を勝手に撮影してはいけないことを学習する

● 「さくらちゃんはだれのもの？」（学校図書 6 年）
【要旨】友だちからもらったイラストを勝手にネットに投稿した主人公の行動から、人が作ったものを投稿するときのマナーを考える

● 「参考にするだけなら」（教育出版 5 年）
【要旨】ネットの感想文を自分の作品に使うことに対し、自分ならどうするかを考える

● 「情報について考えよう」（教育出版 6 年）
【要旨】友人の写真を勝手に投稿した子の気持ちを考えることで、自分の行動を考える

● 「だれの研究？」（光文書院 5 年）
【要旨】ネット情報をそのままレポートにした主人公の行動から、著作権について考える

　高学年になると、インターネット上に存在する作品の著作権・肖像権の扱い方を教えておきたい。

　調べ学習などのまとめで、インターネット上の作品をそのまま使うためには、「引用元を記載すること」が必要になる。教室内だけで使う場合でも、著作権・肖像権を意識した指導が必要になる。

　これからの子どもたちには、必須のスキルである。

年　　　組　　名前（　　　　　　　　　　　　　　　）

1 次のお話を読みましょう。（聞きましょう）

　　私は、休みの日に友だちのりなとまさ子と一緒に、ショッピングモールに遊び
に行った。そのとき、3人でとった写真がとてもかわいくて、お気に入りだった。
　　あまりにいい写真だったので、たくさんの人に見てもらいたいと思い、インター
ネットの掲示板にアップした。友だちからは、「かわいいー！」「すてきだね」と
いうコメントをもらい、うれしくなった。
　　ところが次の日、りなが「なんで、あの写真を掲示板にアップしたの？　もう
信じられない！」と言ってきた。それから、りなは口をきいてくれなくなってしまっ
た。まさ子に話を聞くと、「りなは、あのときに着ていた服が気に入らなかった」
のだそうだ。私は、どうすればいいか分からなくなった。

2 登場人物を、下の□に書きましょう。

　　また、主人公を赤えんぴつで○で囲みましょう。

3 「私」がやったことは、何がよくなかったのですか。

　　下の□に書きましょう。

友だちの写真を勝手にインターネット上にアップ
してはいけないのはなぜか、考えてみよう！

60

4 「私」は、インターネットの掲示板に投稿するとき、何をするべきだっ
たと思いますか。

1つ選んで、番号に○をつけましょう。

　1．危険なので、写真は絶対にどこにもアップしない

　2．友だちと作っている「小さなグループSNS」に投稿する

　3．写真に写っている人に、「インターネットにアップしてもよいか」を確認し
　　　てから投稿する

　4．その他（下にあなたの意見を書きましょう）

| |
| |

〈そのように考えた理由〉

| |
| |

5 あなたは、1～4のどの意見が一番うまくいかないと思いますか。

下の□に書きましょう。

| わたしは（　　　）番の意見はうまくいかないと思います。 |
| |
| |

【討論したときの意見を、メモしよう！】

| |
| |

Check

ネットへの投稿で怒った友だちへの対処法を考えよう

もしあなたが「私」の立場なら、怒ったりなに対して、何をしますか。
下に書きましょう。

| |
| |
| |

1．「インターネット上への写真の投稿」の経験をチェックする

> **発問1** これまで、FacebookやInstagramに、写真を投稿したことがある人？

挙手で確認する。

続けて、「じゃあ、LINEやゲームチャットで、特定の人に写真を送ったことがある人？」と聞く。閉じられた空間の中なので、投稿している子どもは増えるだろう。

2．教材文を読み聞かせる

①の教材文を、ゆっくり読み聞かせる。

3．登場人物と主人公を問う

> **発問2** 登場人物は、誰ですか。
>
> **指示1** ワークシートに書きなさい。

登場人物は、「私」「りな」「まさ子」。

主人公は、「私」となる。赤鉛筆で○をつけさせる。

4．写真をアップしたことに対する「問題点」を洗い出す

> **発問3** 「私」がやったことは、何がよくなかったのですか。
>
> **指示2** 下の□に書きましょう。

3分程度ワークシートに意見を書かせる。書いた意見を、次々と発表させる。
「勝手に写真を投稿したのがよくなかった」「友だちにアップしていいか、確認をしていない」「かわいいというのは自分の考えで、友だちはそう思っていないかもしれない」などの意見が出る。

子どもたちから出た意見を、すべて認め、ほめていく。

5．インターネット上に写真を投稿するときに気をつけることを検討する

> **発問4**　「私」は、インターネットの掲示板に投稿するとき、何をするべきだったと思いますか。

　選択肢から1つ選んで○をつけ、そう考えた理由もワークシートに書かせる。

　もちろん「アップしない」のが、一番安全である。

　しかし、これからは写真をアップする機会は増えていく。そのことを回避して生きていくことは難しい。

　だからこそ、この場で議論しておくことが大切である。

> **発問5**　1〜4のどの意見が一番うまくいかないと思いますか。

　ワークシートに意見を書かせ、議論させる。

　グループLINEなどは、「少人数だから」という考えもある。しかし、グループに参加している人がネット上にアップしないとも限らない。

　友だちと議論する中で、子どもたちは様々な可能性を考えるようになる。

6．怒った友だちへの対処法を考える

　とはいえ、つい写真を投稿してしまい、友だちを怒らせてしまうこともあるだろう。

　このような場面で、どのように対処するのかも、スキルとして身につけさせたい。

> **発問6**　もしあなたが「私」の立場なら、怒ったりなに対して、何をしますか。下に書きましょう。

　「直接会って、顔を見て謝る」「許してもらえるまで謝罪する」「アップした写真は、すぐに削除する」などの意見が出るだろう。

　スマホやタブレットを積極的に使う中で、著作権・肖像権に関わる失敗は誰にでも起こりうる。子どもたちには、「失敗しないように安全策をとらせる」のではなく、「失敗したときに、どのようにふるまうか」を教えることが大切だ。

コラム　デジタルスキル③
「デジタルフットプリントとアイデンティティ」

　common sense educationの〈デジタル・シティズンシップ 6つのスキル〉の1つに、「デジタルフットプリントとアイデンティティ」がある。

　「デジタルフットプリント」は日本では聞き慣れない言葉である。

　デジタルフットプリントとは、"ネット上の足跡"のことであり、ネット上にある各個人の情報のすべてを指す。

　「デジタルフットプリントとアイデンティティ」の授業の概要について、common sense educationのホームページには、次のように書かれている。

> これらの授業は生徒たちに、オンラインで情報を共有する（シェアする）ことがどのようにして彼らや他の人に影響を及ぼすのかについて考えさせ、それらが明白な形になる前にじっくり考えることを学ぶよう支援し、自分の身の周りの人にも同様にするよう促すことを後押しします。生徒たちはまた、他の異なる人格を持つことの良い点と悪い点を学び、オンライン上で彼ら自身を異なるように見せるやり方が自己意識や自分の評判、人間関係に与える影響を探ります。
>
> （「common sense education」HPより：堀田訳）

　FacebookやInstagramに投稿したコメントや写真は、履歴として残る。

　そして、一度発信した情報は、表面上削除しても、オンライン上に残り続ける。就職のときに、過去のオンライン情報により、マイナスのイメージをもたれてしまう、といったトラブルが起こるのは、このためである。

　子どもの将来のために、我々は「オンラインで情報を共有する」ということが、その後の自分の人生にどのように影響していくのかを教えていく必要がある。

　また、様々なアプリのアカウントを複数持つことがある。

　仕事の関係上、複数のアカウントを持つことで、それぞれの仕事の資料や情報を分けることができるなど、メリットがたくさんある。

　しかし、複数のアカウントを持つことで、「こちらのアカウントで発信してはいけない情報を発信してトラブルになる」「管理が大変で時間がかかった」などのデメリットもあることを、子どもたちに教える必要がある。

4−①. 「学校や家で使うときの『ルール』」に関する授業 低学年

パソコンやタブレットのルールを考えよう!

〈関連する教材〉

● 「ちゃんと使えたのに」（日本文教出版 3年）
【要旨】家のルールで禁止している「お家の人がいない状況でのインターネット利用」をしたくなったとき、どのように行動すればよいかを考える

● 「みんなが つかう ばしょだから」（光村図書 1年）
【要旨】校庭の遊び方のきまりを破った主人公の行動から、みんなで使う場所で気をつけることを考える

● 「ゲームをしていたつもりなのに」（学校図書 2年）
【要旨】約束を破って課金をした主人公に対し、どう行動すればよかったかを考える

● 「スマートフォン（スマホ）ってどうやって つかうの?」（光文書院 1年）
【要旨】スマホでできることや使い方について、クイズ形式で学習する

● 「ルールが ないと どう なるの?」（光文書院 1年）
【要旨】スマホやゲーム機には、なぜルールが必要なのかを問題形式で考えさせる

　日本では、学校や家庭で「ルールを作る」ことで、子どもたちの危険な使い方を制限することが多い。

　パソコンやタブレットを使う場合、ある一定の「ルール」が必要である。

　しかし、そのルールは「子どもと大人（教師や保護者）が話し合って一緒に作る」ことが大切である。大人が一方的に作ったルールでは、いずれ子どもたちが守らなくなる。

　家で使うことを前提として、最低限必要なルールについて、子ども自身が考え、家に持ち帰り、保護者と共に作り上げていくきっかけ作りが必要となる。

1 次のお話を読みましょう。（聞きましょう）

　　3年生のたかしは、次の3つのやくそくをまもることで、タブレットを買って もらうことになった。

①学校で調べ学習の宿題が出たときだけ、使ってもよい。

②使っていいのは、お家の人が見ているところで30分間まで。

③こまったことがあったら、すぐにお家の人に知らせること。

　　ある日、たかしはやくそくをやぶって、友だちから教えてもらった動画を見て しまう。あまりにおもしろかったので、いろんな動画をいっぱい見ていると、見 たことがない画面が出てきて、タブレットが動かなくなる。そのとき、お父さん が帰ってきてしかられてしまった。

2 登場人物を、下の□に書きましょう。
　　また、主人公を赤えんぴつで○で囲みましょう。

3 たかしくんのタブレットの使い方は、何がよくなかったのですか。
　　下の□に書きましょう。

たかしくんの家のルールは3つあったね。もう一度読んでみよう！

66

4 たかしくんのパソコンの使い方は、何を直せばよいと思いますか。

1つえらんで、番号に○をつけましょう。

1. タブレットで、動画を見ないようにすればよい

2. 動画を長く見ないようにすればよい

3. そもそも、タブレットを使わないようにすればよい

4. その他 (下にあなたの意見を書きましょう)

〈そのように考えた理由〉

5 一番うまくいかないと思うのは、1～4のどの意見ですか。番号を書いて、理由も書きましょう。

( ) 番は、うまくいかないと思う。

【みんなで話し合ったことを、メモしよう】

Check

さらに、「パソコンの使い方」を深めよう！

たかしくんの家の「ルール」を、もう少しパソコンを使いやすいように変えるとすれば、どのように変えますか？ 下に書いてみましょう。

授業中の「発問」「指示」「留意点」

1．レディネスチェックを行う

> **発問1**　お家で、パソコン、スマホ、タブレットの使い方について、何かきまり（ルール）がある人？

手を挙げさせて確認する。

"ある"と答えた子に、「どんなルールがあるか、教えてくれるかな？」と聞く。

発表させて全体に共有することで、それぞれの家庭でどんなルールが存在するのか知ることができる。子どもがルール作りに主体的に参加するための足場となる。

2．教材文を読み聞かせる

ワークシートの教材文を、ゆっくりと読み聞かせる。

集中力を持続させるために、「3つのやくそく、1回読んだら座りなさい」と立って読ませる場面を作る。低学年の読み聞かせでは、必須のスキルである。

3．登場人物と主人公を問う

> **発問2**　登場人物は、誰ですか。
> **指示1**　ワークシートに書きなさい。

1分ほど経ったら、指名して答えさせる。

登場人物は、「たかし」「お父さん」「友だち」。

主人公は、「たかし」となる。赤鉛筆で○をつけさせる。

4．主人公の使い方の「問題点」を洗い出す

> **発問3**　たかしくんのパソコンの使い方は、どこがよくなかったのでしょうか。
> **指示2**　ワークシートに、①②……と箇条書きにしなさい。

列指名で、よくなかったところを次々と発表させる。意見が書けていない子には、

「友だちの意見を聞いて、そうだと思ったら書いていいですよ」と伝える。

5．よりよい「パソコンの使い方」について検討する

> **発問4**　たかしくんのパソコンの使い方は、何を直せばよいですか。

選択肢から1つ選んで○をつけ、そう考えた理由も書かせる。

理由が書けたら、それぞれの意見を発表させる。

> **発問5**　この中で、一番うまくいかないと思う方法はどれですか。
>
> **指示3**　1つ選んで、そう考える理由を書きなさい。

それぞれの方法には、メリットもあればデメリットもある。ここでは、デメリットの部分を出させ、意見を交流させる。

まず、一番反対が多い意見から取り上げ、賛成派と反対派で議論させる。

議論がある程度落ち着いたら、次に反対が多い意見を取り上げ、議論させる。

子どもには、「友だちの意見を聞いてメモをとり、それに対しての賛成意見や反対意見を書きなさい」と指示しておく。

1〜2年生で討論を仕組むことが難しい場合は、お互いに意見を発表させるだけでもよい。いろいろな意見を聞くことで、ルールを考えるきっかけとなる。

6．「家庭のルール」について考えさせる

> **発問6**　たかしくんの家のルールを、もう少しパソコンを使いやすいように変えるとすれば、どのように変えますか。

パソコンを使うことを前提として、どのようなルールであればもっと使いやすくなるのかを考えさせる。「使い方のルール」を自分で考えてみることで、自分の家のルールを見直すきっかけにもなる。ワークシートに書けた子から黒板に書かせ、共有させる。授業の最後に、「家に帰ったら、今日考えたルールをお話しして、新しい家のルールを作ってみましょう」と話をする。

コラム

子ども参加の「家庭のルール」を作ろう

　1人1台端末が導入されたことで、家庭での使い方のルールが必要になる。

　内閣府の調査によると、「家庭でルールを決めている」と答えた家庭は64%であり、36%はルールを決めていないということになる(「令和2年度 青少年のインターネット利用環境実態調査」より)。

　家庭でのルールは、主に次のようなものである。

①スマホやタブレットを使う時間を決める
②勝手にダウンロードしたり、アプリで課金したりしない
③個人情報(名前、住所etc.)は教えない

　では、このようなルールを子どもたちは本当に守っているのか。

　NTTドコモが2018年に13〜15歳を対象に行った調査によると、「親と作ったスマホのルールを破ったことがある」と答えた中学生は63%。半数以上がルールを破っていることになる(https://resemom.jp/article/2019/02/05/48936.html)。

　破った具体的な内容は、次の通り。

・ゲームは1日1時間と決められていたが、それ以上にやってしまった
・友だちとメッセージをやりとりするために、「夜10時」のルールを破った
・課金を禁止されていたが、ゲームで使うアイテムに課金した
　スマホのルールは、親が決めて「守りなさい」とやりがちである。
　押しつけられたルールは、破りたくなるものである。
　だからこそ、次のことが重要になる。

親と子どもで、一緒にルールを作る

　文部科学省も「タブレットを使うときの5つの約束」というリーフレットを出している(右のQRコードを参照)。

　このようなものを参考にしながら、各家庭でのルール作りを学校発で啓発することが大切である。

↑端末利用に当たっての児童生徒の健康への配慮等に関する啓発リーフレット

第 **3** 章

道徳教科書で創る
「デジタル・シティズンシップ」の
授業プラン

人との関わりのスキル：〈コミュニケーション〉篇

執筆担当：堀田和秀

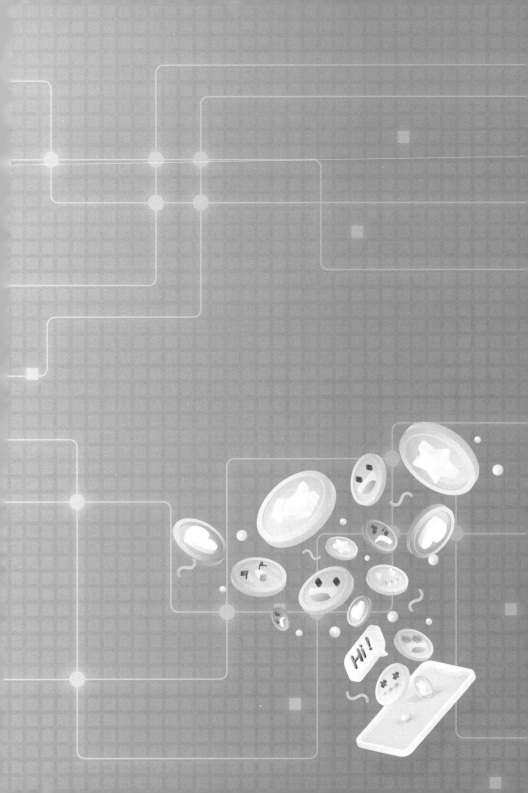

本章のポイントと授業プラン

　情報端末を使う以上、「コミュニケーション」の問題は避けて通ることができない。

　自分自身がどれだけ安全に使っているつもりでも、相手とのコミュニケーションがうまくできなければ、デジタル・シティズンシップが育っているとは言えない。

- ●相手を傷つけないメッセージの発信スキル
- ●「ネットいじめ」をしない／されないためのスキル
- ●フェイクニュースを見抜くスキル

「ネット上の相手と、上手にやり取りができるスキル」が身についてはじめて、デジタル・シティズンシップが育っていると言える。

　この章では、「ネット上の正しいコミュニケーションスキル」を身につけるための授業を提案する。

◀ 授業プラン ▶

1. 「チャット・SNSへの正しい投稿の仕方」に関する授業

　　　低学年：「正しい情報」を発信しよう！

　　　高学年：誤解を招かないオンラインメッセージの書き方を知ろう！

2. 「ネット上でのコミュニケーション」に関する授業

　　　低学年：本当の情報を、上手に発信しよう！

　　　高学年：「すれちがい」をなくすための行動を考えよう！

3. 「ネットいじめ」に関する授業

　　　低学年：「ほんのちょっとしたいたずら」が、いじめにつながる！

　　　高学年：「ネットいじめ」をストップさせる方法を考えよう！

4. 「ニュースとメディアリテラシー」に関する授業

　　　低学年：インターネットの情報って、本当に正しい？

　　　高学年：その情報、本当に発信して大丈夫？

1−①. 「チャット・SNS への正しい投稿の仕方」に関する授業　　低学年

「正しい情報」を発信しよう!

〈関連する教材〉

- 「たんじょう日カード」(東京書籍2年)
- 【要旨】友だちに書いた手紙の表現で誤解が生じたことに対して、手紙やメールではどのような言葉を使うのがよいのかを考える

- 「おかあさんとのやくそく」(光文書院2年)
- 【要旨】タブレットで友だちが悲しむようなメッセージを送ろうとした主人公の行動から、オンラインメッセージの正しい送り方について考える

- 「けいじばんのらくがき」(廣済堂あかつき1年)
- 【要旨】事実ではないことを掲示板に書いたことで友だちを傷つけたことに対し、多くの人が見るところへの発信の仕方を考える

　低学年の場合、オンラインでメッセージをやりとりすることは、比較的少ない。

　だから、「オンラインのメッセージの送り方を教えなくていいだろう」と考えるのは、間違いである。オンラインゲーム上でメッセージのやりとりをすることもあるし、オンラインでなくても手紙のやりとりで相手を傷つけてしまうこともある。「書いたメッセージによって、相手が傷つく」ということは、今に始まったことではない。昔からあったことだが、やりとりがオンラインになったことで、手軽にメッセージのやりとりができるようになり、その分、トラブルも増えていると考えた方がよい。

　低学年のうちから、「相手に正確な情報を送ること」「相手を傷つけないようにメッセージを送ること」を、教師は教えなければいけない。

　その入口になるのは、オフラインの"手紙"や"掲示板"のやりとりである。友だちを傷つけない手紙の書き方、相手に正確な情報を伝えるための掲示板の使い方などを教えることが、ネットリテラシーにもつながっていく。

① 次のお話を読みましょう。（聞きましょう）

　　2年生のみきおは、ちょっとしたいたずらがだいすき。クラスの掲示板や黒板にいたずら書きをして、みんながキャーキャー言うのを聞くのが楽しかった。

　　ある日、クラスの掲示板に、先生が明日の遠足の持ち物について書いた。みきおはいつものように、ちょっとだけいたずら書きをした。

　　帰る前に、この掲示板を見たやすしが、「先生、おやつ500円まで買ってきてもいいの？」と聞いた。

　　先生は、掲示板を見て、「このいたずら書きをしたのはだれですか？」とおこっている。

　　みきおは、正直に言い出せず、だまってしまった。

〈あしたのもちもの〉
①おべんとう
②おおきめのすいとう
③おやつ　300円まで
④しきもの
わすれずにもってきてね。

➡

〈あしたのもちもの〉
①おべんとう
②おおきめのすいどう
③おやつ　500円まで
④つけもの
わすれずにもってきてね。

② 登場人物を、下の□に書きましょう。
　　また、主人公を赤えんぴつで○で囲みましょう。

③ みきおくんのやったことで、よくなかったのは何ですか。
　　下の□に書きましょう。

みきおくんは、掲示板に書かれていたことで、どこにいたずら書きをしたのかな？

4 みきおくんのしたいたずら書きで、一番よくなかったのはどれだと思いますか。

1つえらんで、番号に○をつけましょう。

1. 「すいとう」 → 「すいどう」

2. 「300円」 → 「500円」

3. 「しきもの」 → 「つけもの」

4. その他 (下にあなたの意見を書きましょう)

[ ]

〈そのように考えた理由〉

[ ]

【みんなで話し合ったことを、メモしよう】

[ ]

Check

いたずらをしてしまったら、どうすればいいか考えよう

もし、あなたがみきおくんなら、先生が「このいたずら書きをしたのはだれですか?」と聞いたとき、何をしますか。下に書きましょう。

[ ]

1．教材文を読み聞かせ、感想を言わせる

1の教材文を、ゆっくり読み聞かせる。

読み聞かせたあと、次のように指示する。

指示1 お話を聞いて、気づいたこと、思ったことをお隣の人に言ってごらん。

1〜2分ほど、お隣の人に話したあと、全体の場で発表させる。

全員に発表させることが大切である。全員に発表させることで、このお話を聞いたときの感情を確認することができる。

2．登場人物と主人公を問う

感想を発表させたあと、次のように問う。

発問1 登場人物は、誰ですか。

指示2 ワークシートに書きなさい。

登場人物は、「みきお」と「やすし」。「先生」もしゃべっているので、登場人物に加えてもよい。

主人公は、「みきお」となる。赤鉛筆で○をつけさせる。

3．みきおの行動の問題点を洗い出す

発問2 みきおくんのやったことで、よくなかったのは何ですか。

指示3 ワークシートに、①②……と箇条書きにしなさい。

5分程度ワークシートに書かせたあと、「列指名」や「指名なし」で発表させる。

ほとんどの子が、「掲示板にいたずら書きをしたこと」を挙げるだろう。

「普段からいたずらをしていることを止めなかった友だちや先生がよくない」といった意見が出たときは、大いにほめる。いろんな意見が出てよい。

次に「どこに、いたずら書きをしたのかな？」と突っ込んで聞く。ほとんどの

子は分かっているが、分かっていない子もいるからだ。

「すいとう→すいどう」「300円→500円」「しきもの→つけもの」の３つである。

この３つを確認しておくことが大切である。

４．３つのいたずらのうち、一番よくないいたずらについて検討する

> **発問３**　みきおくんのしたいたずら書きで、一番よくなかったのはどれだと
> 　　　　　思いますか。

選択肢から１つ選んで○をつけ、そう考えた理由も書かせる。

物語の中で、やすしが「おやつ500円まで買ってきてもいいの？」と聞いているので、この部分が一番よくない、と考える子は多いだろう。

しかし、どのいたずら書きも、持ってくるものが変わってしまったり、友だちが読んだときに困ってしまったりするような内容である。

低学年の子どもの場合、物理的な困り感に焦点を当ててしまうので、意見がお金に集中したときは、「『すいどう』を持ってきてと言われると困るよね」「『しきもの』が『つけもの』になると、敷物を忘れてくる子がいるかも」など、物理的な困り感についての意見にも目を向けさせるように話をする。

５．いたずらをしてしまったあとの対応を考える

もちろん、いたずらはしない方がよい。しかし、つい、いたずらをしてしまう子もいる。つい、いたずらしてしまったときに、自分がどうふるまえばよいのかを教えることも大切である。

> **発問４**　もし、あなたがみきおくんなら、先生が「このいたずら書きをした
> 　　　　　のはだれですか？」と聞いたとき、何をしますか。下に書きましょう。

「先生に、正直に『ぼくが書きました』と言う」「みんなに、『ごめんなさい』と謝る」「先生に話をして、自分で元に戻す」などの意見が出るだろう。

チャットやSNSへの正しい投稿を教えるために

SNSとは、「ソーシャルネットワーキングサービス」の略である。

具体的に何をするサービスかについて、総務省は次のようにまとめている。

> 登録された利用者同士が交流できるWebサイトの会員制サービスのことです。友人同士や、同じ趣味を持つ人同士が集まったり、近隣地域の住民が集まったりと、ある程度閉ざされた世界にすることで、密接な利用者間のコミュニケーションを可能にしています。　（総務省「国民のための情報セキュリティサイト」より）

私たちが知っているサービスとしては、「LINE」「Facebook」「Twitter」「Instagram」「TikTok」などが挙げられる。このSNSを使ったことで、子どもたちがトラブルに巻き込まれる数は、令和2年にやや下がっているものの、おおよそ右肩上がりで増えている（右図参照）。

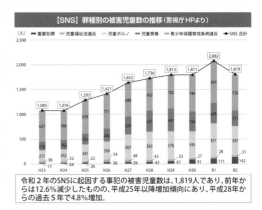

【SNS】罪種別の被害児童数の推移（警視庁HPより）

令和2年のSNSに起因する事犯の被害児童数は、1,819人であり、前年からは12.6%減少したものの、平成25年以降増加傾向にあり、平成28年からの過去5年で4.8%増加。

このようなトラブルに巻き込まれないためにも、SNSの使い方を子どもたちに教えておく必要がある。SNSの使い方を教えるときに大切なのは、

教師自身が、それぞれのSNSを利用し、特性を理解する

ことである。筆者は、LINEやFacebook、Instagramなど、上記すべてのアプリをスマホに入れて、実際に発信している。実際に使ってみることで、それぞれのアプリの特性やメリット・デメリットを理解することができる。

「こういうのは怖いからやりたくない」と言っているだけでは、子どもたちに起こる問題を解決することはできない。教師自ら、SNSの世界に身を置き、実際に体験してみることが大切である。

1−②.「チャット・SNSへの正しい投稿の仕方」に関する授業 【高学年】

誤解を招かないオンラインメッセージの書き方を知ろう!

〈関連する教材〉

● 「交換メール」(日本文教出版4年)
【要旨】相手の姉妹校に失礼のないように、メールを送る方法を考える

● 「つまらなかった」(光村図書4年)
【要旨】一緒に遊んだ友だちを傷つけないように、何と言葉をかけるとよいかを考える

● 「ちょっと待って」(学校図書4年)
【要旨】LINE等で返事ができないとき、誤解を受けないようにするための方法を考える

● 「かわいくない」(教育出版4年)
【要旨】友だちに対する自分の気持ちを、メールで正確に伝えるための方法を考える

メール、LINE、Facebook、Twitter……オンラインでメッセージを送るツールは便利である一方で、メッセージのやりとりから発生するトラブルがあとを絶たない。

総務省の「情報通信白書(平成30年度版)」によると、トラブルに遭ったことがある情報発信者の半数以上が「自分の意図とは違う意味で、相手に受け取られてしまった」という経験をしていることが分かっている。

これは、子ども時代に「オンライン上のメッセージの書き方の文法を教えてもらっていない」ことが大きな要因である。

これからの時代を生きていく子どもたちにとって、誤解を招かないオンラインメッセージの送り方のスキルを身につけておくことは必須となる。

情報モラル教材などを使って、オンラインでのメッセージの書き方を、授業で教えていく必要がある。

1 次のお話を読みましょう。（聞きましょう）

　　私と親友のあかりは、とっても仲良し。ちょっとぐら
いキツい言葉をかけても大丈夫だと思っていた。

　　ある日、あかりが大事な仕事をしわすれて、先生にし
かられていた。落ちこんでいるあかりを見て、励まして
あげようと放課後１通のメールを送った。

　　ところが、次の日からあかりは口も聞いてくれなくなっ
てしまった。どうやら、怒っているみたいだ。友だちに
メールを見せると、「そりゃ、怒るでしょ」と言われて
しまう。でも、何に怒っているのか、私はまったく分か
らず、困ってしまった。

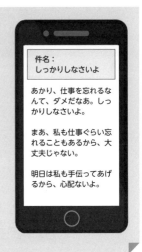

件名：
しっかりしなさいよ

あかり、仕事を忘れるな
んて、ダメだなあ。しっ
かりしなさいよ。

まあ、私も仕事ぐらい忘
れることもあるから、大
丈夫じゃない。

明日は私も手伝ってあげ
るから、心配ないよ。

2 登場人物を、下の□に書きましょう。

　　また、主人公を赤えんぴつで○で囲みましょう。

3 「私」のメール文は、何がよくなかったのですか。

　　下の□に書きましょう。

友だちの「ごかい」を生みやすい言葉は、「〜ない」「〜じゃ
ない」「ダメ」といった、否定的な言葉なんだって。

4 みんなと同じ学年のえつこさんは、右のような
メールを考えました。このメールは、よいメー
ルですか。それとも、よくないメールですか。

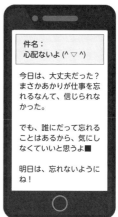

1つ選んで、番号に○をつけましょう。
　1．よいメール
　2．よくないメール
　3．よいところもあれば、よくないところもある

〈そのように考えた理由〉

5 えつこさんのメール文の「よいところ」と「直した方がよいところ」を、
それぞれ書いてみましょう。

よいところ	直した方がよいところ

【「よいところ」と「直した方がよいところ」について、友だちと意見を交
流してみよう】

Check

励ましのメールを書いてみよう！

「私」になったつもりで、落ちこん
でいるあかりさんに、励ましのメー
ルを書いてみましょう。（絵文字を
入れるときは、その絵を書くようにし
ましょう）

授業中の「発問」「指示」「留意点」

1．レディネスをチェックする

> **発問1** メール、LINE、Twitter、ゲームチャットなど、オンラインで友だち
> にメッセージを送ったことがありますか。

　手を挙げさせて確認する。「メッセージを送ったときに、困ったことやケンカに
なったりしたことはありますか?」ともう一歩突っ込んで確認してもよい。

2．お話を読み聞かせる

　教師がお話を読み聞かせる。ただし、メール文は子ども自身に読ませるようにす
る。メール文を教師が読むと、教師の感情が入り込み、子どもの受け取り方が教師
のイメージに引っ張られてしまう。「メール文は、小さな声で1回読んだら座りなさい」
と指示することで、自分のメールから受け取るイメージを膨らませることができる。

3．登場人物と主人公を問う

> **発問2** 登場人物は、誰ですか。
> **指示1** ワークシートに書きなさい。

　登場人物は、「私」「あかり」「友だち」。
　主人公は、「私」となる。赤鉛筆で○をつけさせる

4．主人公のメール文の「問題点」を洗い出す

> **発問3** 「私」のメールは何がよくなかったから、あかりさんを怒らせたので
> しょうか。
> **指示2** ワークシートに、①②……と箇条書きにしなさい。

　書けたら、近くの友だちと意見を交流させ、そのあと、「列指名」や「指名なし
発表」で全体に共有させる。

5．モデルの文章を検討する

オンラインメッセージを書くという作業は、子どもによって経験値の差がある。メッセージを送ったことのない子に、いきなり「よりよいメール文を書きなさい」と言っても、書けない可能性が高い。

そこで、架空の人物「えつこさん」を登場させ、そのメール文を検討させる。

> 発問4　えつこさんのメール文は、よいメールですか、よくないメールですか。
> それとも、よいところとよくないところがあるメールですか。

選択肢から1つ選んで○をつけ、そう考えた理由も書かせる。ほとんどの子が、よいところとよくないところがある、と考える。

> 指示3　えつこさんのメール文の「よいところ」と「直した方がよいところ」
> を、1つ以上□の中に書きなさい。

5分程度意見を書かせたら、班にしてそれぞれの意見を交流させる。交流させている中で、よりよいメッセージの送り方について議論していく（タブレット端末でJamboardのようなホワイトボード機能を活用すれば、視覚的に友だちの意見を見ることもできる）。

10分程度議論させたあと、誤解を避けるためには「否定文を使わないこと」「絵文字を効果的に使うこと」などを具体的に教える。

6．「よりよい励ましのメール文」について考えさせる

> 指示4　「私」になったつもりで、あかりさんに励ましのメール文を書きましょう。

書き終わった子から、立って読ませる。

右のようにJamboardなどを活用して、タブレットから入力し、「だれのメール文が一番よいですか」と聞き、よりよいメール文を検討していけば、さらに楽しい授業となる。

誤解を生まないオンラインメッセージの作り方

なぜ、オンラインメッセージは、誤解されることがあるのか。

言語学者の川添愛氏は、著書の中で次のように述べている。

> 私たちは自分たちが意識している以上に、音声に頼ったコミュニケーションをしている。
>
> それゆえに、音声の情報が欠けた文字だけの会話では誤解が生じることがある。
>
> （川添愛『ふだん使いの言語学──「ことばの基礎力」を鍛えるヒント』新潮選書、2021年、19頁）

音声だけではない。

他にも、表情やジェスチャーなどを交えながら私たちはコミュニケーションをとっている。怒った表情をしながら言葉を発すると、「怒っているんだな」と理解できるし、高い声を出せば、何となく「喜んでいるんだな」と察することができる。

ところが、オンラインメッセージは、表情や声色からの推測ができない。そのため、書かれた字義通りに捉えてしまい、トラブルが生じることが多いのだ。

相手に誤解を受けないメッセージの作り方として、次のことを子どもたちに教えておくとよい。

① 「否定語」は使わない。（〜ない、〜じゃない、バカ、ダメ　etc.）
② 「絵文字」を効果的に使う。

若者の言葉として、かわいいことを確認するために、「かわいくない？」のように使うことがある。しかし、この言葉を文字だけで送ってしまうと、「かわいくない」というメッセージと誤解されることがある。

否定的な言葉を極力使わなければ、誤解を招く可能性も少なくなる。

また、「絵文字」を使うことで、こちらの感情を補完することができる。「😊」のマークを付けることで、「ああ、嬉しいんだな」ということを相手に伝えることができる。

ただし、「絵文字」は使い方によって、相手を傷つける可能性もあるので、注意が必要である。

このようなメッセージの書き方を、子どもたちに伝えていくことが大切である。

2−① 「ネット上でのコミュニケーション」に関する授業 　低学年

本当の情報を、上手に発信しよう!

〈関連する教材〉

- ●「ひつじかいの子ども」（日本文教出版1年）
- 【要旨】うそばかりついて信用してもらえなくなった主人公の様子から、情報を発信するときに気をつけることを考える

- ●「おにいちゃんの電話」（日本文教出版2年）
- 【要旨】お兄ちゃんの電話での応対の仕方から、電話での正しい応対の仕方について考える

- ●「言葉のまほう」（学校図書3年）
- 【要旨】人とぶつかったときにきつい言葉をかけた主人公と優しい言葉をかけた男の子を比較することで、人に対してどのような言葉を使えばよいかを考える

　ネット上で、コミュニケーションをとることは難しい。

　対面ならば、表情や声のトーンなど非言語による情報から相手の状況を読み取ることができる。しかし、ネット上では、文字情報がすべてになる。そのため、うそをついたり、誤った情報を流してしまったりすると、大きなトラブルを生んでしまう。

　よって、次のことを普段から意識する必要がある。

> 多くの人に情報を発信するときは、「正確な情報」を発信する

　低学年では、ネット上のことだけでなく、「うそはつかない」「正しい情報を発信する」ということを、日常生活の中でも気をつけることを教える。

　日常生活で気をつけることができてはじめて、ネット上でも正しい情報を発信することの大切さが分かるようになる。

① 次のお話を読みましょう。（聞きましょう）

　　3年生のだいすけは、親友のつよしに「あのな、オレ、みほさんのことが苦手なんだ。いつも口うるさいんだよ。だいすけもそう思うだろ」と聞かれた。だいすけは、みほと仲がよく、そんなことは思ってもいなかったが、親友のつよしにいやな思いをさせたくなくて「うん、そう思うよ。でも、このことは2人だけのひみつだよ」と話をした。

　　ある日、つよしとみほが大げんかをした。そのときつよしが「みほなんか大きらいだ。だいすけもきらいだと言ってたぞ！」とみほに言ってしまった。みほは、泣きながらだいすけに「本当に、私のこときらいなの？」と聞くので、だいすけは「そんなこと、ないよ」と言った。ところが、それを聞いていたつよしが「この間、言ったことはうそなのか？　だいすけとは、もう絶交だ！」と怒ってしまった。

　　だいすけは、どうしたらよかったのか考えこんでしまった。

② 登場人物を、下の□に書きましょう。
　　また、主人公を赤えんぴつで○で囲みましょう。

③ だいすけくんのしたことは、何がよくなかったのですか。
　　下の□に書きましょう。

だいすけくんは、本当はみほさんと仲がよかったんだよね。つよしくんに本当のことを言ったのかな？

④ だいすけくんは、つよしくんにみほさんのことを聞かれたとき、どうすればよかったと思いますか。

1つえらんで、番号に○をつけましょう。

　1.　正直に「そんなことないよ。ぼくはみほさんと仲がいいんだよ」と伝える

　2.　つよしくんのことも考えて「へーっ、そうなんだ」とだけ伝える

　3.　人の悪口なので、何も答えないようにする

　4.　その他（下にあなたの意見を書きましょう）

〈そのように考えた理由〉

⑤ 一番うまくいかないと思うのは、1〜4のどの意見ですか。番号を書いて、そう考えた理由も書きましょう。

（　　）番は、うまくいかないと思う。

【みんなで話し合ったことを、メモしよう】

Check

つよしとみほ、両方と仲良くする方法はないかな？

つよしくんとみほさんの両方とこれからも仲良くするために、もしあなたならこの場面で、どのような行動をしますか。下に書きましょう。

89

授業中の「発問」「指示」「留意点」

1．今までに、うそをついたことがあるかチェックする

> **発問1** 今までに、うそをついたことはありますか。

　挙手で確認する。

　ほとんどの子は、うそをついた経験があるだろう。最初は、大きなうそをイメージするので、「ほんのちょっとしたことでも、本当のことと違うことを言ったら『うそ』になるよね」と伝えると、子どものうそに対するイメージが変わる。

2．教材文を読み聞かせる

　①の教材文を、ゆっくり読み聞かせる。

3．登場人物と主人公を問う

> **発問2** 登場人物は、誰ですか。
> **指示1** ワークシートに書きなさい。

　登場人物は、「だいすけ」「つよし」「みほ」。

　主人公は、「だいすけ」となる。赤鉛筆で○をつけさせる。

4．だいすけの行動の「問題点」を洗い出す

> **発問3** だいすけくんのしたことは、何がよくなかったのですか。
> **指示2** 下の□に書きましょう。

　5分程度ワークシートに意見を書かせる。書いた意見を、次々と発表させる。「つよしくんに聞かれたときに、本当のことを話さなかったこと」「みほさんと仲がいいのに、『そう思うよ』と答えたこと」「うそをついて、『ひみつだよ』とそのことを秘密にしようとしている」などが出る。

　つよしの行動についても、簡単に扱っておく。

「つよしくんの行動にも、よくないところはあるかな？」と聞けば、「だいすけとの秘密なのに、みほさんに話してしまっている」「みほさんの悪口を言うのはよくない」「自分が悪いことをしているのに、絶交するのはおかしい」などの意見が出る。

このお話では、つよしの行動も問題になる。簡単に触れておくことで、つよしの行動も踏まえた上で、だいすけの行動を考えることができる。

5．だいすけが、どのように行動すべきだったかを検討する

> **発問4**　だいすけくんは、つよしくんにみほさんのことを聞かれたとき、どうすればよかったと思いますか。

選択肢から1つを選んで○をつけ、そう考えた理由もワークシートに書かせる。

選択肢は、「はっきりと『違う』と伝える」タイプ、「オブラートに包む」タイプ、「無視する」タイプの3つである。

低学年の場合、はっきりと伝えるタイプに意見が偏ることが予想される。

その場合は、次のように一歩突っ込んで考えさせる。

> **発問5**　もしあなたの一番の親友が同じことを言ったとしたら、「そんなことないよ」とはっきりと伝えられますか。

自分事とすることで、はっきり伝えられないと考える子が出てくる。

子どもたちをゆさぶり、議論させることが大切だ。

6．「両方と仲良くできる方法」を考える

> **発問6**　つよしくんとみほさんの両方とこれからも仲良くするために、もしあなたならこの場面で、どのような行動をしますか。下に書きましょう。

現実社会では、どちらかだけの友情を取ることは考えない。「両方との友情を守るために、どうするかを考える」ものである。

このような場面で、最善策を考えさせることが大切である。

コラム

デジタルスキル④
「人間関係とコミュニケーション」

common sense educationでも、オンラインでの人間関係の作り方やコミュニケーションスキルについて、次のように述べられている。

> オンラインとオフラインの境界がよく分からなくなっていく中で、生徒たちは、オンライン上の良質なコミュニケーションとコミュニティ（共同体）を構築し確固たるものとするために、個人的および対人的なスキルをどのように利用するか熟考します。　　　（「common sense education」HPより：堀田訳）

これまでは、「対面におけるコミュニケーションスキル」があれば、ある程度の人間関係を構築することができた。しかし、これからは「オンラインにおけるコミュニケーションスキル」がなければ、メッセージのやりとりで相手を不快にさせ、良好な人間関係の構築に失敗することもあるだろう。

さらに、FacebookやInstagramのように、「オンラインによるつながりの人たちとどのような関係を作っていくのか」についても、common sense educationでは教えている。

たとえば、5年生の「デジタル友情」という授業は、次のように展開される。

> ①「オンラインでチャットしたことがあるか」と聞き、その友だちは直接知っているのか、オンライン上だけで知ってるのかを確認する。
> ②主人公が「対面で会った」ときのシナリオと、「オンライン上だけでやり取りをした」ときのシナリオを読ませ、感情の違いを発表させる。
> ③「オンライン上だけの友だち」に対して、どのような対応が必要かを教える。

FacebookやInstagramなどのSNSには、対面であったことがなく、オンライン上だけの友だちが存在する。common sense educationのレッスンプランでは、「オンライン上だけの友だちに《個人情報を教えてはいけない》」といったスキルを具体的に教えている。

対面の友だちと同じような感覚でオンライン上だけの友だちと接したとき、トラブルに巻き込まれる可能性が高いことを、日本の子どもたちにも教えていかなければならない。

2-②. 「ネット上でのコミュニケーション」に関する授業　高学年

「すれちがい」をなくすための行動を考えよう!

〈関連する教材〉

● 「知らない間のできごと」(日本文教出版5年、教育出版5年)
【要旨】根も葉もないうわさを流された子と流した子の考えていたことを比較することで、電話やインターネットで情報を発信するときに気をつけることを考える

● 「あいさつって」(光村図書5年)
【要旨】インターネットの特性「非対面性」「匿名性」「拡散性」を知ることで、インターネット上でのコミュニケーションで気をつけることを考える

● 「すれちがい」(学校図書5年)
【要旨】気持ちがすれちがってしまった2人の主人公に起こっていたことを比較することで、すれちがいを起こさないために大切なことを考える

● 「ゲームのやくそく」(光文書院4年)
【要旨】理由があってオンラインゲームの約束を守れなかった友だちに対して、どのような行動をすればよいかを考える

● 「約束」(光文書院5年)
【要旨】グループトークでのやりとりのすれちがいでケンカをしてしまった2人の主人公の行動から、オンライン上ですれちがわないための方法を考える

インターネットの特性は、顔を合わせない「非対面性」、名前を隠すことができる「匿名性」、多くの人に広がり散らばる「拡散性」の3つだと言われる。

対面では言いにくかったことを、オンライン上では安心して表現することができる。

一方で、これを悪用する者もいる。顔が見えず、名前も出ないことから、ちょっとした人のコメントに対し、罵詈雑言を浴びせ、傷つける。

インターネット上でのコミュニケーションスキルは、対面でのコミュニケーションスキルだけでは対応できない。

新時代のコミュニケーションスキルを、子どもたちに教える必要がある。

① 次のお話を読みましょう。（聞きましょう）

> 5年生のさえ子は、友だちのよし子からメールでさそわれて、「土曜日の朝、いっしょに公園へ遊びに行く」約束をした。
>
> 土曜日、お母さんから「買い物に行かない？」と言われたが、よし子との約束があったので、断った。さえ子は時間通り公園に行ったが、1時間経っても、2時間経ってもよし子は公園に来なかった。
>
> 怒ったさえ子は家に帰って、たくさんの友だちに次のメールを送った。
>
> | よし子って、自分からさそっておきながら、約束をやぶったんだよ。
> | ひどくない？ あの子と約束すると、絶対嫌な思いをするからやめた方がいい！
>
> 次の日、よし子は学校を休んでいた。先生が、「よし子さんのおじいさんが、急に入院されたそうです。よし子さんは土曜日から、北海道のおじいさんのところに行っているので、明日までお休みするそうです」とお話しされた。
>
> さえ子は、その話を聞いて、「あんなメール、何で送ってしまったのだろう」と反省していた。

② 登場人物を、下の□に書きましょう。

また、主人公を赤えんぴつで○で囲みましょう。

③ さえ子さんの行動は、何がよくなかったのでしょうか。

下の□に書きましょう。

さえ子のメールは、全部本当のことを書いているかな？

94

4 よし子さんの行動は、何がよくなかったのでしょうか。

下の□に書きましょう。

| |
| |
| |

5 2人がすれちがってしまったのは、「さえ子」と「よし子」のどちらの
問題が大きいですか。

1人に○をつけて、理由も書きましょう。

1. さえ子

2. よし子

〈そのように考えた理由〉

| |
| |

【みんなで話し合ったことを、メモしよう】

| |

Check

すれ違いが起きないように、何をすればよかったの？

「だれが」「何を」すれば、2人はすれちがいをせずにすんだと思いますか。
どちらかに○をつけ、行動を書きましょう。

(さえ子 ・ よし子)が、

1．教材文を読み、同じような経験をしたことがあるかチェックする

□1の教材文を、ゆっくり読み聞かせる。

読み終えたあと、次のように聞く。

発問1 LINEやチャットなど、友だちにオンラインでメッセージを送って、ケンカになったことがある人？

高学年なら、オンライン上でのトラブルの経験がある子もいる。

個人的な内容もあるので、具体的な内容は問わず、経験があるかないかだけを問う。

2．登場人物と主人公を問う

発問2 登場人物は、誰ですか。

指示1 ワークシートに書きなさい。

登場人物は、「さえ子」「よし子」「先生」。

主人公は、「さえ子」となる。赤鉛筆で○をつけさせる。

3．「さえ子の行動」の問題点を洗い出す

発問3 さえ子さんの行動は、何がよくなかったのでしょうか。

指示2 下の□に書きましょう。

3分程度ワークシートに意見を書かせたあと、書いた意見を列指名で発表させる。「よし子が『なぜ来なかったのか』確認しないまま、メールを送ったこと」「『絶対嫌な思いをする』かどうかは分からないのに、メールに書いたこと」「メール文に悪意があること」などの意見が出る。

4．「よし子の行動」の問題点を洗い出す

このお話の場合、よし子の行動にも問題がある。次は、ここにスポットを当てる。

発問4	よし子さんの行動は、何がよくなかったのでしょうか。

「さえ子にきちんと連絡しなかったこと」「よし子はメールという手段があったのに、『行けなくなった』とメールを送らなかったこと」「２日間経っているのに、何の連絡もしていないこと」などが、子どもたちから出る。

　すれちがいは、両方に問題点があることが多い。どちらか一方を扱うと、問題の本質が見えなくなるので、注意が必要だ。

5.「さえ子」と「よし子」のどちらがよくなかったのかを検討する

発問5	２人がすれちがってしまったのは、「さえ子さん」と「よし子さん」のどちらの問題が大きいですか。

　選択肢からどちらか１人を選んで○をつけ、そう考えた理由もワークシートに書かせる。

　もちろん、どちらの行動にも問題がある。しかし、あえてどちらかに絞って考えさせることで議論となり、「多面的・多角的な考え」を引き出すことができる。

6.「すれちがい」を回避する方法を考える

　それぞれの問題点を検討する中で、子どもたちには「この場面で、何か手を打っておけば、こんなすれ違いは起こらなかった」という考えが思い浮かぶ。

　議論が終わったあと、次のように聞く。

発問6	「だれが」「何を」すれば、２人はすれちがいをせずにすんだと思いますか。 どちらかに○をつけ、行動を書きましょう。

　さえ子なら「よし子にメールを送って『なぜ来れなかったの？』と理由を聞く」、よし子なら「ちょっとした隙間時間に『今日行けなくなった。ごめん』とさえ子に謝りのメールを送る」といった方法が考えられる。

　「よりよい方法を考える」ことが、デジタル・シティズンシップ教育では大切である。

オンラインで良好な人間関係を作る「オンラインスキル」

新型コロナウイルスが、パンデミックを引き起こした。

世界各国で、ロックダウンを宣言する都市が出た。日本でも、「緊急事態宣言」が発出され、学校は3か月間の臨時休校となった。

新型コロナウイルスが感染拡大したことにより、世の中の仕組みは大きく変わりつつある。その1つが、「リモートワーク・リモート学習」である。

パソコンやタブレットを使い、家からでも仕事や授業に参加できるようになった。

リモートワーク・リモート学習ができるようになったことで、これまでの人間関係づくりとは別のスキルが必要になった。それが、

オンラインスキル

である。

もちろん、対面での人間関係作りが基本となる。しかし、これからはオンラインでの人間関係作りも重要になる。オンラインのスキルが低ければ、うまく人間関係を作ることが難しくなる。

子どもたちにも、オンラインスキルを身につけさせる必要がある。

たとえば、次のようなことが挙げられる。

①カメラを見て目線を合わせる
②少し高めの声を出す
③カメラをオンにして、笑顔で話をする
④チャットでは、普段のしゃべり言葉を使わない

オンラインスキルを鍛えるためには、学校で練習させる必要がある。

子どもたちが教室に揃っているときに、ZOOMやGoogle Meetを使って、オンライン学習をしてみるのだ。そのときに、「カメラはどこにあるかな？　指さしてごらん。そこを見るんだよ」と教える。

オンラインスキルを学んだ子どもは、オンラインでのトラブルを回避することができるようになる。

3−①. 「ネットいじめ」に関する授業　低学年

「ほんのちょっとしたいたずら」が、いじめにつながる!

〈関連する教材〉

●「いたずらがき」（東京書籍1年）
【要旨】ほんのいたずらのつもりで書いたらくがきで友だちを悲しませてしまったことに対して、ちょっとしたいたずらが人を傷つけることを学習する

いじめの加害者がよく言う言葉がある。

「最初は、ほんのちょっとしたいたずらのつもりでした」

その通りである。

いじめは、「ほんのちょっとしたいたずら」から始まる。ほんのちょっとしたいたずらが、次第にエスカレートしていき、最終的にいじめになる。

子どもの発達科学研究所の和久田学氏は、著書の中で次のように述べている。

> 仲間外れ、からかいなど、冷静に考えれば相手が傷つくことくらいわかりそうに思うのだが、子どもたちは、安易に行動をエスカレートさせる。もちろん彼らは、被害者の気持ちに共感することはない。相手の気持ちを考えないからこそ、どんないじめも正当化される。
>
> （和久田学『学校を変えるいじめの科学』日本評論社、2019年、35〜36頁）

一旦いじめが始まると、相手の気持ちを考えないため、行動はさらにエスカレートしていき、止めることができなくなる。

だからこそ、最初の「ほんのちょっとしたいたずら」をしないことが大切である。

低学年のうちに、「いじめはほんのちょっとしたいたずらから始まる」ことを学習し、ほんのちょっとしたいたずらをさせないことが、いじめ予防につながる。

1 次のお話を読みましょう。（聞きましょう）

> 2年生のあきらは、学校が終わったほうかご、日直の仕事で教室に1人でのこっていた。
>
> ぜんぶの仕事が終わって帰ろうとしたとき、友だちのしんごのノートがつくえの上に置きっぱなしになっているのに気がついた。あきらは、「ちょっとしたいたずらだから、しんごもゆるしてくれるだろう」と思って、ノートの一番後ろに「バーカ☺」と書いて帰った。
>
> 次の日、学校に行くと、しんごが泣いていた。しんごは、「だれかが、ぼくのノートに『バーカ』って書いた！」と言っている。
>
> あきらは、どうすればいいか分からなくなってしまった。

2 登場人物を、下の□に書きましょう。
　また、主人公を赤えんぴつで〇で囲みましょう。

3 あきらくんのしたことは、何がよくなかったのですか。
　下の□に書きましょう。

> あきらくんは、本気でバカにしたわけではないのに、
> しんごくんはきずついちゃったね。どうしてかな？

4 あきらくんの行動や考えで、一番よくなかったのは何ですか。

1つえらんで、番号に○をつけましょう。

1. ノートに「バーカ☺」と書いたこと

2. らくがきを「ほんのちょっとしたいたずら」と考えたこと

3. 「しんごくんがゆるしてくれるだろう」と考えたこと

4. その他（下にあなたの意見を書きましょう）

〈そのように考えた理由〉

【みんなで話し合ったことを、メモしよう】

  Check

かわいいイラストなら、友だちのノートにかいてもいい？

ノートにかいたいたずらが「バーカ☺」ではなく、右の絵だったら、かいてもいいですか？　どちらかに○をつけて、その理由を下に書きましょう。

かいてもいい　　・　　かいてはいけない
（理由）

授業中の「発問」「指示」「留意点」

1. 今までに「嫌なこと」をされたことがあるかチェックする

> **発問1** 今までに、友だちに嫌なことを言われたり、されたりしたことはありますか。

挙手で確認する。低学年なら、正直に手を挙げるだろう。

> **発問2** 友だちに言われて嫌だった言葉、されて嫌だったことは何ですか。

具体的に、どんな言葉が嫌だったのか、何をされるのが嫌だったのかを発表させる。
高学年で授業する場合は、「もし友だちに言われたら嫌な言葉は何ですか」と、一般化して問う。過去にいじめがあったクラスでは、教師の配慮が必要になる。

2. 教材文を読み聞かせる

1の教材文を、ゆっくり読み聞かせる。

3. 登場人物と主人公を問う

> **発問3** 登場人物は、誰ですか。
> **指示1** ワークシートに書きなさい。

登場人物は、「あきら」と「しんご」。
主人公は、「あきら」となる。赤鉛筆で○をつけさせる。

4. あきらくんの行動の「問題点」を明確にする

> **発問4** あきらくんのしたことは、何がよくなかったのですか。
> **指示2** 下の□に書きましょう。

3分程度ワークシートに意見を書かせる。書いた意見を、次々と発表させる。

「友だちのノートに勝手に書いたこと」「いたずら感覚で、友だちのノートに『バーカ』と書いたこと」「しんごくんが泣いているのに、謝っていないこと」などが出る。

５．あきらくんの行動や考えで、一番問題がある部分を検討する

> **発問5**　あきらくんの行動や考えで、一番よくなかったのは何ですか。

選択肢から1つを選んで○をつけ、そう考えた理由もワークシートに書かせる。

低学年の場合、「ノートに書いたこと」のように、具体的な行動に目が行く。

もちろん、書いたこともよくない。しかし、「ちょっとしたいたずら」の気持ちで書いてしまったことも、大きな問題である。

「ノートに書いたこと」に意見が集中したときは、次のように話す。

> **説明1**　ちょっとしたいたずらで、ノートの置いてある場所を変えても大丈夫だね。

子どもにゆさぶりをかける。

子どもたちは「ちょっとしたいたずら」に視点を向けるようになる。

６．「いたずら書きの内容を変えたら許されるか」を考える

> **発問6**　ノートに書いたいたずらが「バーカ☺」ではなく、右の絵だったら、書いてもいいですか？　下の□に書きましょう。

これは、議論になる。

「かわいらしいイラストなら、友だちが怒ることもないので大丈夫」という考えもあれば、「友だちのノートに勝手に書くことがダメだ」と考える子もいる。

「かわいくても、いたずらはいたずら。ちょっとしたいたずらの気持ちで書いたら、友だちが傷つくのでやめた方がいい」といった意見も出てくる。

議論させたのち、「ほんのちょっとしたいたずら」がよくない行動であることを、子どもたちに話をする。

コラム | デジタルスキル⑤
「ネットいじめ、デジタルドラマ、悪意のある表現」

「ネットいじめ」は、日本だけではなく、海外でも大きな問題となっている。

DQ Institute（本書165頁を参照）の調査によると、調査対象となった世界30カ国の子どもたちのうち、45％が「ネットいじめによって影響を受けている」ことが明らかになっている。

対象国が30カ国なので、対象国を増やせば、この数値はさらに上がることが予想される。

common sense educationでも、「ネットいじめ」を防ぐためのスキルを、カリキュラムに位置付けて系統的に教えている。

具体的には、次のような内容の授業が行われる。

①「ネットいじめ」「デジタルドラマ」「悪意ある表現」とは何かを教える

②「不親切な言葉」を調べて、その言葉が「ネットいじめ、デジタルドラマ、悪意のある表現」と「単なる不親切」のいずれであるかを区別する方法を教える

③「ネットいじめ、デジタルドラマ、悪意ある表現」を見たり聞いたりしたとき、どのように行動するかを教える

②の進め方としては、スライドやビデオで不親切な言葉を提示し、「これは、ネットいじめ（悪意ある表現）なのか」を考えさせるというのが、一般的である。「定義を教え」、それに当てはまる「状況を見抜き」、ネットいじめを止める「行動を教える」のだ。

「デジタルドラマ」は、日本では聞き慣れない言葉である。

「デジタルドラマ」とは、デバイス、アプリ、またはWebサイトを使用することによって起こる"人々の間の感情的な対立"のことである。

感情的な対立は、いじめだけではなく、ヘイトスピーチや人種差別、戦争などにもつながっていく。このようなことも、子どもに伝えていきたい。

3−②.「ネットいじめ」に関する授業 〔高学年〕

「ネットいじめ」をストップさせる方法を考えよう!

〈関連する教材〉

● 「だれかをきずつける機械ではない」（教育出版5年）
【要旨】携帯電話の安全教室をきっかけにして、携帯電話を使ったネットいじめを防ぐ方法について考える

● 「グループ外し」（光文書院6年）
【要旨】仲良しグループのうち1人が入っていないグループトークでの会話に対して、お互いに気持ちよくSNSを使うためにはどうすればよいかを考える

令和2年、全国のいじめ認知件数が7年ぶりに減少した。各学校でいじめに対する取り組みが強化されたことが要因である。

その一方で、文部科学省の調査によると、パソコンや携帯電話を使った「ネットいじめ」については年々増加しており、減少する気配はない（右図参照）。

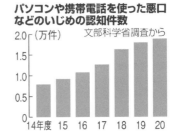

昨年度より、GIGAスクール構想により「1人1台端末」がすべての子どもたちに配付された。すでに、この端末を使ってのやりとりで友だちを傷つけたり、友だちから傷つけられたりするトラブルが報告されている。

「ネットいじめ」は、なぜ起こるのか?

「ネットいじめ」を防ぐためには、どのようなスキルが必要なのか?

我々教師は、これから情報社会で生きていく子どもたちにしっかりと教えていかなければならない。

＿＿年＿＿組　名前（　　　　　　　　　）

1 次のお話を読みましょう。（聞きましょう）

　6年生のゆうきは、明日のサッカーの試合に勝つために、いつものグループトークに発信をした。

　友だちのさとしとかずやからの気合いの入った返信を見て、ゆうきはうれしくなった。

　でも、かずやは「つばさのミスが多い」ことを理由に、つばさが休めばいいという発信をした。よくないと思ったゆうきは、「ちょっと言いすぎじゃない？」と返信したが、さとしの「裏切るのかよ」という一言に、何と答えればよいか分からなくなってしまった。

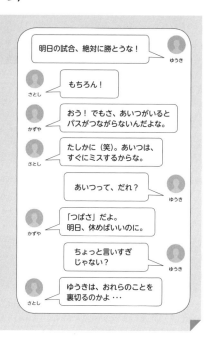

明日の試合、絶対に勝とうな！　ゆうき

もちろん！　さとし

おう！でもさ、あいつがいるとパスがつながらないんだよな。　かずや

たしかに（笑）。あいつは、すぐにミスするからな。　さとし

あいつって、だれ？　ゆうき

「つばさ」だよ。明日、休めばいいのに。　かずや

ちょっと言いすぎじゃない？　ゆうき

ゆうきは、おれらのことを裏切るのかよ…　さとし

2 登場人物を、下の□に書きましょう。
　また、主人公を赤えんぴつで○で囲みましょう。

3 3人のグループトークのよくなかったところは、どこですか。
　下の□に書きましょう。

このグループトークに、つばさくんは入っているのかな？

106

④ **3人の中で、一番よくないと思うのはだれですか。**

　1人を選んで、番号に○をつけましょう。

　1．ゆうきくん

　2．さとしくん

　3．かずやくん

〈そのように考えた理由〉

⑤ **2番目によくないと思うのはだれですか。**

　1人を選んで、番号に○をつけましょう。

　1．ゆうきくん

　2．さとしくん

　3．かずやくん

〈そのように考えた理由〉

Check

「ネットいじめ」をストップさせる方法を考えよう

　つばさくんへの「いじめ」をストップさせるには、ゆうきくんはさとしくんの発信
のあとに、何をすればよいですか。下の□に書きましょう。

授業中の「発問」「指示」「留意点」

1．グループトークで困ったことがあるかチェックする

> **発問1**　LINEなどのグループトークをしたことがある人？

　挙手で確認する。

　高学年なら、ほとんどがグループトークを経験している。そこで、次のように続ける。

> **発問2**　グループトークで、友だちから嫌なことを言われたことがある人？

　いじめに関することなので、具体的には聞かない。「傷ついた経験があるかないか」のみ、確認する。

2．教材文を読み聞かせる

　①の教材文を、ゆっくり読み聞かせる。

　メール文は、「それぞれ小さな声で読んでごらん」と指示する。

3．登場人物と主人公を問う

> **発問3**　登場人物は、誰ですか。
>
> **指示1**　ワークシートに書きなさい。

　登場人物は、「ゆうき」「さとし」「かずや」。

　主人公は、「ゆうき」となる。赤鉛筆で○をつけさせる。

4．3人のグループトークについての「問題点」を洗い出す

> **発問4**　3人のグループトークのよくなかったところは、どこですか。
>
> **指示2**　下の□に書きましょう。

3分程度ワークシートに意見を書かせる。書いた意見を、次々と発表させる。

「つばさくんのいないところで悪口を言っていること」「かずやが悪口を言い出したのがよくない」「さとしの『(笑)』と書いているのが、おかしい」「ゆうきも、はっきりと言わないのがよくない」などの意見が出る。

3人それぞれによくないところがあるから、いじめを止められないのである。

5.「だれがよくない行動をしているのか」を検討する

> **発問5** 3人の中で、一番よくないと思うのは誰ですか。

選択肢から1人を選んで○をつけ、そう考えた理由もワークシートに書かせる。

これは、意見が分かれる。意見が分かれたら、議論させる。

メモをとる場所がないので、「ワークシートの空いているところにメモをとっても構いません」と指示を出す。

> **発問6** 2番目によくないと思うのは誰ですか。

発問5のときと同じように、○をつけ、理由を書かせ、議論させる。

6.「ネットいじめ」をストップさせる方法を考える

> **発問7** つばさくんへの「いじめ」をストップさせるには、ゆうきくんはさとしくんの発信のあとに、何をすればよいですか。下の□に書きましょう。

意見が書けた子から、次々に発表させる。子どもたちは、ストップさせるために、様々な方法があることを知る。

「これはいじめだから、やめた方がいい」と、勇気をもって発信する方法もある。

オンラインメッセージでは伝わらないので、学校で直接会って「やめよう」と話をすることもできる。

親や先生に相談して、解決することも可能である。

「ネットいじめ」をストップさせるために、自分に何ができるかを考えさせるのだ。

コラム

ネットいじめへの対応法

インターネットの普及により、私たちの生活は便利になった。

その一方で、インターネットの危険性を、警察庁は次のように警告している(「平成18年警察白書」)。

〔1〕匿名性が高い、〔2〕痕跡が残りにくい、〔3〕地理的・時間的制約を受けることなく、短期間のうちに不特定又は多数の者に被害を及ぼすといった特徴を有しており、犯罪を行うものにとっては、その所在を特定されにくいなど、インターネットは極めて好都合な犯行の手段となっている。

これは、「いじめ」にも当てはまる。

学校内で行われるいじめも、教師に見つからないように巧妙に行われる。

さらに、インターネットの普及により、「家でも」「どの時間帯でも」いじめが行われる可能性がある。

これが、「ネットいじめ」である。

1人1台端末が配付された今、教師は教室内だけではなく、インターネット上にも気を配らなければいけない。

では、「ネットいじめ」にどのように対応していけばよいのか。

①「親」がネット利用についてよいお手本を見せる。
②学校と保護者、そして子どもが連携してネットいじめ防止のための行動をとる。
③学校では、「ICTスキル」と「情報モラル」の両方を育成する。

(和久田学『学校を変えるいじめの科学』日本評論社、2019年、77〜78頁より抜粋)

「ネットいじめ」の性質上、学校だけで対応することは難しい。

保護者と連携し、スマホやタブレットのよりよい使い方を、学校と家庭の両方で教えていくことが大切である。

情報モラル教育は、小中学生に対しては一定の効果があったことが報告されている。

「ネットいじめは、絶対にしてはいけない」ことを、授業を通して子どもたちに伝えていく必要がある。

4－①. 「ニュースとメディアリテラシー」に関する授業 低学年

インターネットの情報って、本当に正しい？

〈関連する教材〉

●「みんなのニュースがかり」(学研みらい2年、廣済堂あかつき2年)
【要旨】きちんとした取材をしないまま書いた学級新聞に対してみんなが怒った
ことから、情報を公開するために何をしなければいけないかを考える

●「新聞係」(教育出版3年)
【要旨】友だちが叱られたことを新聞記事にするかどうかで議論する主人公
の様子から、公開してよい情報とは何かを考える

....

インターネットが普及したことにより、「ネット検索」で情報を得る人の割合が
増えた。ある調査によると、若い人たちのおよそ5割が「ソーシャルメディア」
から必要な情報を得ているとされている(総務省「令和2年度 情報通信メディアの利
用時間と情報行動に関する調査報告書」)。インターネットから情報を得るときに、大
切なことは次のことである。

インターネットの情報を鵜呑みにしない

インターネットは、誰もが自由に投稿できる。その性質上、正確ではない、歪
められた情報が流される場合がある。フェイクニュースなどがその典型である。
このような情報を鵜呑みにせず、本当に正しいかどうかを確かめなければならない。
しかし、日本人の2割程度は「インターネットで見た投稿をそのまま信じる」
傾向にあり、歪められた情報が拡散され、トラブルが発生する事件が少なからず
ある。インターネット上には、数限りないほどの情報が公開されている。その中
から、子どもたちに「正しい情報」を取捨選択できる力を育てることは、教師の
大切な仕事である。

111

年　　組　　名前（　　　　　　　　）

1 次のお話を読みましょう。（聞きましょう）

　みゆきは、社会の時間に自分たちがすんでいる「A市」のことを調べることになった。

　いよいよ明日が発表の日。みゆきは何も調べていなかったので、あわててインターネットで調べはじめると、「A市では、子どものために新しい公園を作る」という情報が目にとびこんできた。みゆきは、「これ、すごい！」と思い、明日発表することにした。

　次の日の発表で、みゆきは「今度、新しく公園ができます」と発表した。ところが、クラスメイトのゆたかが「えっ、ぼくが調べたところによると、公園じゃなくて病院を作ると言っていたけど……」と言った。

　みゆきは、その話を聞いてふしぎに思った。

2 登場人物を、下の□に書きましょう。
　また、主人公を赤えんぴつで〇で囲みましょう。

3 みゆきさんとゆたかくんの調べたことがちがっていたのは、なぜですか。
　その理由を、下の□に書きましょう。

インターネットは、だれでも情報を流すことができるよ。
みゆきさんの見た情報は、本当に正しかったのかな？

112

4 みゆきさんは、社会の調べ学習をするとき、何に気をつければよいですか。

1つえらんで、番号に○をつけましょう。

1. インターネットを使わないようにする

2. インターネットで調べたら、お家の人や先生に「これは、本当ですか？」と
聞くようにする

3. インターネットで調べたことを、本やテレビ、他のホームページなどでも
う一度調べる

4. その他（下にあなたの意見を書きましょう）

〈そのように考えた理由〉

【みんなで話し合ったことを、メモしよう】

Check

だれからの情報を信じますか？

インターネット上に、A市の情報が3つ発信されました。あなたなら、だれからの
情報を信じますか。1人に○をつけて、その理由を書きましょう。

A市に住んでいる人 ・ A市の市長さん ・ 地域の新聞記者
(理由)

授業中の「発問」「指示」「留意点」

1.「インターネットの情報」を信じるかどうかをチェックする

子どもたちが持っている端末を出させて、インターネットに接続させる。

子どもたちに自由にインターネット検索をさせ、「今、みんなが見ているのが『インターネット』の世界なんだよ」と教えたあと、次のように聞く。

発問1 インターネットに書いてあることは、全部正しいよね。そう思う人？

挙手で確認する。

低学年なので、意見は分かれる。インターネットに書いてある情報が、すべて正しいと思っている子も多いだろう。

2. 教材文を読み聞かせる

①の教材文を、ゆっくり読み聞かせる。

3. 登場人物と主人公を問う

発問2 登場人物は、誰ですか。

指示1 ワークシートに書きなさい。

登場人物は、「みゆき」と「ゆたか」。

主人公は、「みゆき」となる。赤鉛筆で○をつけさせる。

4. みゆきとゆたかの情報が異なっていた理由を考える

発問3 みゆきさんとゆたかくんの調べたことが違っていたのは、なぜですか。

指示2 下の□に書きましょう。

3分程度ワークシートに意見を書かせる。書いた意見を、次々と発表させる。「みゆきさんがインターネットに書いてあることを正しいかどうかを調べなかったから」「ゆたかくんも、誰からの情報か分からないので、正しいかどうか分から

ないから」といった意見が出ればよい。

　しかし、低学年の子どもの場合、「正しい情報」についての知識が乏しいため、意見が出ない可能性がある。意見が出ないときは、「みゆきさんが調べたことは、本当に正しい情報だったのかな？」や「正しい情報だと分かるためには、何をすればよかったと思う？」などの発問を追加して行う。

5．インターネットの情報の扱い方を検討する

> **発問4**　みゆきさんは、社会の調べ学習をするとき、何に気をつければよいですか。

　選択肢から1つを選んで○をつけ、そう考えた理由もワークシートに書かせる。理由が書けたら、議論させる。

　1〜2年生で議論させるのが難しい場合は、そう考えた理由を発表させるだけでもよい。自分が考えたことと違う意見を聞くことで、「多面的・多角的な考え」が確実に身についていく。

　教師が一方的に「こうした方がよい」とインプットする授業よりも、いろんな意見を聞いた方が子どもたちの行動の幅が広がっていく。

6．「正しい情報は、どこから発信されるのか」を考える

> **発問5**　インターネット上に、A市の情報が3つ発信されました。あなたなら、だれからの情報を信じますか。1人に○をつけて、理由を書きましょう。

　A市に関係のある「住んでいる人」「市長」「新聞記者」の1人を選び、そう考える理由を書かせる。ここには、どのような情報が発信されたかまでは書かれていない。発信された情報による判断ができないため、正確な判断はできない。

　ただ、「すべての情報を鵜呑みにせず、発信源を確認する」ための学習として、低学年のうちに学んでおくことは大切である。

デジタルスキル⑥
「ニュースとメディアリテラシー」

　広辞苑によると、「メディアリテラシー」とは、"メディアの伝える情報を批判的に判断・活用し、それを通じてコミュニケーションを行う能力"のことである。

　日本の学校では、ニュースやメディアの情報を批判的に判断するスキルを教えることはあまり馴染みがない。そのため、子どもたちはテレビやインターネットの情報を「正しいものである」と判断してしまうことが少なくない。

　"テレビやインターネットの情報を批判的に見るスキル"は、教えなければ育たない。

　common sense educationでは、「ニュースとメディアリテラシー」を6つのデジタルスキルの1つとしてカリキュラムを作成し、子どもたちに教えている。

> 生徒たちは情報を効果的に特定し、評価し、利用する能力や、確実で信頼が置ける情報源を発見し、それらに適切な信用を付与する能力を明示してみせることでしょう。　　　　　　　　　　（「common sense education」HPより：堀田訳）

　では、「ニュースとメディアリテラシー」では、どのような授業が行われているのか。小学校では、次のような流れでカリキュラムが進められる。

> 【小学2年】クレジットをあげましょう（著作権）
> 【小学3年】見ているものを信じますか？（修正された写真や動画があることを学ぶ）
> 【小学4年】クリエイターとしての権利と責任
> 【小学5年】ニュースをオンラインで読む（オンラインニュースの読み方スキル）
> 【小学6年】信頼できるニュースを見つける（正確な情報を取り出すスキル）

　日本では、著作権を教える程度で、テレビやネットの情報から正しい情報を取り出す力を育てる授業はほとんど行われていない。これでは、メディアリテラシーは育たない。

　我々の研究団体・TOSSでは、子どものメディアリテラシーを育てるために「動画読解」の授業を研究している。

　本書第4〜5章では、その一部を紹介する。ぜひ、ご自身の学校で実践し、子どもたちのメディアリテラシーを育てていただきたい。

4-②.「ニュースとメディアリテラシー」に関する授業　高学年

その情報、本当に発信して大丈夫?

〈関連する教材〉

- ●「ほんとうのことだけど…」（日本文教出版6年）
【要旨】友だちの失敗を新聞記事にしようとした主人公の行動から、公開してもよい情報とは何かについて考える

- ●「あなたはどう考える?」（東京書籍6年）
【要旨】スマホを小学生のうちから買い与えるかどうか、2つの対立する意見を検討することから、端末の正しい使い方について考える

- ●「羊飼いの指輪」（学校図書6年）
【要旨】姿が見えなくなる指輪をはめたときに起こることを考えることから、相手が見えない世界（インターネットの世界）での振る舞い方を学習する

- ●「インターネットの落としあな」（光文書院4年）
【要旨】ほしいゲームをインターネットショッピングで買おうとした主人公の行動から、ネット上の情報が本当に正しいかどうかを考える

- ●「スマホと上手に付き合うために」（光文書院5年）
【要旨】スマホのプラスの面とマイナスの面を知り、スマホの使い方について考える

低学年では、「インターネットの情報を鵜呑みにしない」ことを学習した。

これは、情報の"受け手"としてのネットリテラシーである。もちろん、数限りなくある情報の渦から正しい情報を取り出すスキルは必要である。

しかし、これだけでは十分ではない。

情報の"発信者"として、「正しい情報を発信する」というスキルも必要である。

高学年になれば、SNSへのメッセージの投稿の仕方、インターネット上への発信の仕方についても、学習していかなければならない。

年　　　組　　名前（　　　　　　　　　　　　）

1 次のお話を読みましょう。（聞きましょう）

　　６年生のともひろは、大の野球ファン。特に、プロ野球の大川選手のことが大好きで、毎日野球の試合を見ては、大川選手のプレーについてネット掲示板に書き込みをしていた。

　　ある日、ともひろが公園で遊んでいると、近くを通っている中学生が「今度の休みに、大川選手が○×マーケットでサイン会をするらしいよ」という話をしているのを聞いた。ともひろは、いつものネット掲示板に次のように書き込んだ。

> 今週の日曜日に、○×マーケットに大川選手が来るんだって。
> サイン会とあくしゅ会があるので、大川選手のファンはぜひ来てね😊

　　日曜日、ともひろは大川選手にサインをもらおうと○×マーケットに行った。

　　お店の人に会場を聞くと、「ああ、大川選手は、シーズンが終わった休みの日に来てくれることになってるよ」と話してくれた。

　　そのとき、○×マーケットには、色紙を持った人たちが続々とやって来るのが見えた。

　　ともひろは、どうすればよいか分からなくなってしまった。

2 登場人物を、下の□に書きましょう。

　　また、主人公を赤えんぴつで○で囲みましょう。

3 ともひろくんの「掲示板への書き込み」は、何がよくなかったのでしょうか。

　　下の□に書きましょう。

中学生の言葉と、ともひろくんの書き込みを見比べてみよう！

118

4 ともひろくんは、「大川選手のサイン会」の情報を知ったとき、何をすればよかったと思いますか。

1つ選んで、番号に○をつけましょう。

1. サイン会の情報が本当かどうか、お家の人や店の人など知っていそうな人に聞く

2. インターネットを検索して、本当かどうか調べる

3. 自分だけが得をするように、サイン会の情報は発信しない

4. その他（下にあなたの意見を書きましょう）

〈そのように考えた理由〉

5 一番よくないと思うのは、1～4のどの方法ですか。番号を書いて、理由も書きましょう。

（　　　）番は、よくないと思う。

【みんなで話し合ったことを、メモしよう】

Check

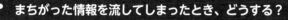 まちがった情報を流してしまったとき、どうする？

大川選手のサイン会がないことが分かったとき、ともひろくんはその場で何をすればよかったと思いますか。下に書きましょう。

1．インターネット上への投稿の経験があるかをチェックする

読んだあと、次のように聞く。

発問1 掲示板など、インターネット上に情報を発信したことがある人？

Facebook、Instagram、TikTokなどへの投稿も「インターネット上への発信」
であることを伝え、挙手で確認する。

2．教材文を読み聞かせる

①の教材文を、ゆっくり読み聞かせる。

3．登場人物と主人公を問う

発問2 登場人物は、誰ですか。

指示1 ワークシートに書きなさい。

登場人物は、「ともひろ」と「○×マーケットの人」。

主人公は、「ともひろ」となる。赤鉛筆で○をつけさせる。

4．ともひろの「書き込み」の問題点を洗い出す

発問3 ともひろくんの「掲示板への書き込み」は、何がよくなかったのでしょうか。

指示2 下の□に書きましょう。

5分程度ワークシートに意見を書かせたあと、書いた意見を列指名で発表させる。
「はっきりとしない情報を掲示板に書き込んだこと」「中学生は『今度の休み』と
言っているのに、『今週の日曜日』と書き込んだこと」などの意見が出る。
「そもそも、大川選手の情報を勝手に掲示板に書き込むのはおかしい」といった
意見が出れば、ネットリテラシーが高い証拠である。

そのような意見が出れば、大いにほめるようにする。

５．「自分が知り得た情報をどのように扱うか」を検討する

> **発問４**　ともひろくんは、「大川選手のサイン会」の情報を知ったとき、何を
> すればよかったと思いますか。

　選択肢から１つを選んで○をつけ、そう考えた理由もワークシートに書かせる。

　３つの選択肢に自分の意見がない場合は、「４．その他」に○をつけ、自分の考えを書かせるようにする。

　理由が書けた子から、ワークシートを持ってこさせ、○をつける。

　全員に○をつけたら、どの方法がもっともよいかを議論させる。

　意見が出にくい場合は、小グループ（班など）に分けて、自分の考えを発表させる。そグループでの話し合いに入る前に、「あとで、友だちの意見を聞いて、意見を１行以上追加してもらいます」と指示しておく。

　このように指示することで、グループでの話し合いを真剣に聞くようになる。

６．間違った情報を発信してしまったときの対処法を考える

　まちがった情報発信を、事前に止めることができるに越したことはない。

　しかし、知らず知らずのうちにまちがった情報を流してしまうこともある。そうなってしまったときの方法も、子どもたちには教えておきたい。

> **発問５**　大川選手のサイン会がないことが分かったとき、ともひろくんはその場で何をすればよかったと思いますか。下に書きましょう。

「その場で、ネット掲示板に『ごめんなさい。間違いでした』とすぐに発信する」「○×マーケットに来てしまった人には、その場で謝る」「お店の人に『まちがった情報を流してしまいました』と正直に話して、一緒に方法を考えてもらう」といった意見が出る。

　子どもたちから出た意見はすべて認め、ほめる。

「まちがった情報発信」をしてしまったときに、どのように対処すればよいか、たくさんの方法を知っておくことが、子どもたちにとっても大切なことである。

インターネットの情報を正しく取り出す

インターネットが普及し、世の中は便利になった。

その一方で、インターネットを悪用した犯罪が増えているのも事実である。

フィッシング詐欺をはじめとするインターネット上で起こる犯罪は、"情報を受け取る側"のネットリテラシーが低いことで、今以上に増えていく可能性がある。

だからこそ、我々教師は、子どもたちに「インターネットの情報から、正しい情報を取り出す力」を身につけさせなければいけない。

その際に、活用できるサイトをいくつか紹介する。

①インターネットの安心安全な使い方（総務省）

総務省が、キッズページとして公開しているサイトである。

このページでは、「フェイクニュースやデマ」に関する情報や、ネットへの発信の仕方、ネット被害に遭わないためにどうするかなどが、子どもたちに分かりやすく説明されている。

インターネットの
安心安全な使い方
（総務省）

キッズページなので、そのまま子どもたちに見せるのも、1つの方法である。

②サイバー犯罪被害防止対策用短編アニメーション映像（警視庁）

警視庁のホームページに、「動画ライブラリー」がある。

動画ライブラリーには、教材として使える動画がアップされている。

その中でも、サイバー課がアップしている『サイバー犯罪被害防止対策用短編アニメーション映像』は、1つの映像が30秒程度と短く、子どもたちにとっても見やすい内容になっている。

どのような情報が、サイバー犯罪に関係しているのかを知っていれば、子どもたちが犯罪に巻き込まれることを回避することができる。

サイバー犯罪被害
防止対策用短編ア
ニメーション映像
（警視庁）

このように、正しい情報とまちがった情報の両方を知ることで、子どもたちは正しい情報の取り出し方を学んでいく。

122

第4章

動画を正確に読み取る
能力を身につけ、

フェイクにだまされない
子を育てる!

1人1台端末時代に必要な
「メディアリテラシー」教育

執筆担当：津田泰至

1. 文章を読み解くように「動画」を読み解く

　日本では「読解」と言えば物語文や説明文、随筆などの文章を読み解くことがイメージされるだろう。しかし、諸外国では違う。読解の対象は文章だけにとどまらない。広告、ポスター、写真、映画、アニメーション、コミック、CMなど、実に様々な形態の情報をクリティカルに読解することを学ぶ。いわゆる「メディアリテラシー教育」だ。

　複雑化する情報社会において、紙に印刷された文章を読み解くだけでは到底不十分である。メディアによって生み出された多様な情報（メディアテクスト）を適切に読み解く能力が必要であり、当然それは「教育」によって育まれるものである。

　そして現在、メディアテクストの中でも存在感を発揮しているのが「動画」である。今やYouTubeやSNSを活用して、個人でも気軽に動画を発信できる時代だ。動画に触れる機会は多く、調べものをする際にも「動画検索」を利用する人は多い。誰にとっても身近なメディアテクストとなった動画だが、その読解の方法を学校は教えてきただろうか。

　フェイク動画や悪意ある動画も多く氾濫する現代社会で、それらを正確に読み解く力を育てることは極めて重要な課題である。そのような考えから生まれたのが、

「動画読解」

である。

　動画読解とは、その名の通り、「動画」を「読解」する学習のことである。文章の読解をするように、動画もクリティカルに読解できる能力を育てることを目指す学習だ。

2. 動画をどのように読解するのか

　動画を読解するにあたり、どのようなアプローチの仕方があるのか。これにはメディアリテラシー教育におけるメディアテクストの分析モデルが役立つと考えている。それが、

三角形モデル

である。

　三角形モデルとは、メディアテクストの理解のためのフレームワークで、オリジナル版はスコットランドのメディアリテラシー教育のパイオニアであるエディー・ディック氏によって考案された。

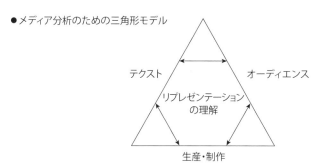

●メディア分析のための三角形モデル

（森本洋介『ネット時代のメディア・リテラシー教材報告書』
メディア・リテラシー教育用教材開発研究会、2021 年、8 頁）

　三角形モデルではメディアテクストを「テクスト分析」「オーディエンス（視聴者）」「生産・制作（制作者）」の３つの観点から分析する。

「テクスト」の視点では、メディアテクストを構造的に分析していく。例えば、どのような撮影技法、映像技法が用いられているかなどの表現様式について読み解いていく。

「オーディエンス」の視点では、どのような人々をターゲットとしてそのメディアテクストが作られたのか、人々はどのような解釈をするのかなどについて分析していく。

「生産・制作」の視点では、メディアテクストを制作する側の視点で分析をしていく。これには子ども自身がメディアテクストを制作する活動も含まれる。

　これら３つの視点を動画読解の学習にも当てはめることができると考え、「動画読解版・三角形モデル」を作成した。

テクスト分析

動画制作の技法をコードとして、動画を分析していく。コードには例えば次のようなものがある。
「カット」「シーケンス」「カメラアングル（視点）」「ナレーション」「BGMの効果」「フレーミング」「照明」「焦点」「色のイメージ」等。また動画の背景にある「価値観・イデオロギー」についても解釈を加えつつ、動画の意味を読み解いていく。
【発問例】
・いくつのショットでできていますか。
・カメラ（視点）はいくつありますか。
・ナレーションの声は男性ですか。女性ですか。
・省略されているものは何ですか。
・どんな価値観を伝えていますか。等

「三角形モデル」による

動画読解法

視聴者

視聴者（オーディエンス）は、動画を読み取る個々の人間であり、個人の集団である。CM動画等の場合、オーディエンスは市場を構成する潜在的消費者ということになる。対象の動画が、どのような視聴者像に基づいて構成されているかを問うことで、動画を分析していく観点である。
【発問例】
・どのような人たちが視聴しますか。
・男性ですか女性ですか。
・どの年齢層を対象にしていますか。
・あなたはこの動画が好きですか。友達はどうですか。あなたの両親はどうですか。等

制作者

動画の制作者について考察する観点であり、動画に関わるあらゆる要素が考察の対象となる。例えば、誰がどの動画を作っているのか、制作者の目的は何なのか、制作者は経済的・思想的にどのような立場にあるのか、制作者はどのような役割を果たしどのように動画をコントロールしているか、等について問うことで動画を分析していく。
動画【発問例】
・誰が作りましたか。　・制作者は公的機関ですか。民間機関ですか。それとも個人ですか。　・この動画の目的は何ですか。
・制作者が伝えたい価値観はどういうものですか。等

「テクスト分析」の視点では、動画制作の技法をコード（読解のための規則性）として動画を分析していく。例えば「カット」「カメラアングル（視点）」「ナレーション」「BGMの効果」「色のイメージ」などを分析の足掛かりとしていく。「視聴者」「制作者」の視点では、先の三角形モデルの「オーディエンス」「生産・制作」と同様の視点で動画を分析していく。

　このような「動画読解版・三角形モデル」をもとにして、発問を作り、動画読解の授業を組み立てていくことが可能だと考えている。1人1台端末が整備された今、動画を教材として扱うことは決して難しくない。教師が手軽に動画を提示することもできるし、子どもたちの端末に動画を共有することもできる。動画を受け取った子どもたちは、再生・一時停止を繰り返しながら、個々のペースで何度も視聴することが可能だ。教科書の文章を読むのと同じように、動画テクストもじっくりと読み解いていくことができるのだ。

3. 動画読解の授業づくり

　ここからは、実際にどのように動画読解の授業を作っていくのか、主な発問・指示の例を紹介していく。

（１）カット数を数える

> 例①：いくつのカットでできていますか。

　動画テクストが「文章」とするなら、１つ１つのカットは「文」である。動画テクストは、いくつものカットをつなげることで構成されている。カット数を数える活動を通して、子どもたちはそのことを体感的に理解することができる。動画テクストの構成要素を意識するための基本的かつ重要な学習活動だと言えるだろう。

　また同じ長さの動画テクストであっても、そのカット数はバラバラである。カット数が多い（あるいは少ない）ことで、どのような効果を生み出しているのかを考えることも有効な分析方法である。

（２）情報を取り出す

> 例②：動画を見て分かったこと・気づいたこと・思ったことをできるだけたくさんノートに箇条書きしなさい。

　動画テクストを詳細に見る過程で、「デノテーション（外示）」とも言われる。その動画テクストから何が読み取れるのかをつかむ活動である。

　子どもたちから出た意見の中からいくつかを選び、次にその「意味」について考えていく。この過程を「コノテーション（共示）」という。

　例えば、はじめに「この動画はカット数が多い」ということを読み取ったとする。次には「何のためにカット数を多くしているのだろうか」「カット数が多いとどんな効果があるのか」ということを検討する。

　このように「デノテーション」「コノテーション」の２段階でメディアテクストを読み解くことを「２段階読解」といい、イギリスのメディア・エデュケーションの教科書で導入されている方法である。

（3）主題を考える

> 例③：この動画は見ている人に何を伝えたいのですか。

　動画テクストの制作者の意図を考える活動である。文章読解における「主題の検討」に当たると言えるだろう。

　動画テクストは何らかの価値観を視聴者に伝えるために作られたものである。制作者が伝えようとしていることを考えることによって、動画テクストを客観的に、冷静に見ることができるようになる。そして「なぜこの撮影技法が用いられているのか」「なぜこのBGMを選んだのか」などの制作者の意図について考えることができるようになる。

（4）文章にまとめる

> 例④：この動画について考えたことを文章にまとめなさい。

　文章読解における「評論文を書く活動」のイメージだ。自分が読解したことを整理し、動画テクストを批評する文章を書く。難しそうに感じられるかもしれないが、文章を書く際の「型」を用意することで取り組みやすくなる。

　例えば次のような型でまとめさせる。

> この動画が伝えたいことは………………だと思います。
> それが一番伝わるカットは〇番のカットだと思います。
> なぜなら、………………………………だからです。

　動画テクストのカット数を数えてその数を確定したあと、このような型でまとめさせれば、様々な視点の意見が出されるのではないだろうか。

　もちろん、この型が万能であるということではない。学年によって、学習内容によって、柔軟に変化させていく必要があるだろう。

（5）要約する

> 例⑤：各カットを要約しなさい。

　カット数を数えたあと、各カットで表現されていることの要約文を書く。映像の表現を言語の表現に置き換えることで、動画テクストの持つ情報を整理することができ、制作者の意図に迫りやすくなる。カット数が多い動画や視聴時間が長い動画の場合は、場面を限定して要約させるとよいだろう。

（6）ターゲット・オーディエンスを考える

> 例⑥：どんな人に見てもらいたいのだと思いますか。

　その動画テクストが想定している視聴者（ターゲット・オーディエンス）について考える。例えば、男性か女性か、大人か子どもか、どんな趣味趣向を持った人々か、などについて想像する。その上で、視聴者の興味を引くためにどのような工夫をして作られているかを考える。男性向け、女性向け、大人向け、子ども向け、高齢者向け、ファミリー向けなど、誰に伝えるかによって動画制作の手法は変わってくるはずである。

　このように制作者の視点に立って考えを深めていくことは、動画テクストの読解にはとても大切なことである。

（7）色を検討する

> 例⑦：何色が多く使われていますか。その色は何を象徴していますか。

　最初のカットや最後のカット、クライマックスに当たるカットなど、その動画テクストのカギとなるような重要なシーンのカットを取り上げ、そこに使われている色について検討する。

　明るいシーンでは明るい色、シリアスなシーンでは暗い色が使われることが多く、色はそのシーンの印象を大きく左右する要素である。そのシーンではなぜその色

が使われているのか、その色は何を象徴しているのか。色という視点から制作者の意図を考える方法で、これは文章の読解においても用いられる有効な読解方法である。

（8）対比を検討する

> 例⑧：（2つのカットを比べさせて）対比されていることは何ですか。

その動画テクストのカギとなる2つのカットを取り上げて比較し、何が対比されているかを考える。色の検討と重なる部分もあるだろうが、これも制作者の意図や動画の主題を読み解くために有効な方法である。

（9）音声を検討する

> 例⑨：どんな音声が入っていますか。

動画と文章の大きな違いは「音声」である。動画テクストではBGMや効果音、ナレーションなどの音声が重要な要素となっている。BGMは明るい印象か、暗い印象か。ナレーションは男性の声か、女性の声か。テンポは速いか、ゆっくりか。高音か、低音か。音声について検討することで、制作者の意図に迫ることができる。

（10）カメラワークを検討する

> 例⑩：使われているカメラワークは何ですか。またどんな効果がありますか。

どのカメラワークが用いられているかを確認し、それがどんな効果を生み出しているかについて考えることで、制作者の意図に迫る学習活動である。
　同じ被写体を撮るにしても、カメラワークによってその印象は大きく変わる。代表的なカメラワークについては子どもたちに教えておくのがよいだろう。カメラワークの種類を知ることによって、動画テクストを見る目が断然違ってくる。また自分が動画を制作する際にも大いに役立つことになる。代表的なカメラワー

クは以下である。

フィックス (静止)……カメラを固定して撮影する技法。

パン (左右)……カメラを左から右、右から左に振る撮影技法。

ティルト (上げ下げ)……カメラを上げ下げする撮影技法。上に振る「ティルト・アップ」と下に振る「ティルト・ダウン」がある。

ズーム (焦点距離)……レンズの焦点距離を変える撮影技法。被写体を次第に大きく映し出していく「ズーム・イン」と、広角に変化させる「ズーム・アウト」がある。

トラック (追跡)……被写体を追跡するように撮影する技法。

ドリー (台車撮影)……カメラを台車に載せて水平移動させて撮影する技法。前に進む「ドリー・イン」と、後退する「ドリー・アウト」がある。

スピンショット……被写体を軸にして周囲を回りながら撮影する技法。

ハイアングル (上から)……目線より上から撮影する技法。

ローアングル (下から)……目線より下から撮影する技法。

フォーカス (焦点)……焦点を変化させる撮影技法。徐々に焦点を合わせていく「フォーカス・イン」と徐々に焦点をぼかしていく「フォーカス・アウト」がある。

　以上、動画読解の授業で活かせる発問・指示の例を紹介してきた。ただし、ここに紹介したものは一部に過ぎない。他にも、テロップや字幕などの「文字情報」について検討する学習も考えられる。カメラには映っていない「フレームの外側」の情報について検討する場合も考えられる。フェイク動画か否かを検討する場合もあるだろう。

　映像、音声、文字など複数のテクストから成る動画テクストは「マルチ・モーダル・テクスト」と呼ばれる。ならば、読解のためのアプローチ方法もマルチ・モーダルなものになって当然である。学習のねらい、動画の内容、子どもの発達段階によって、指導法の工夫を重ねていくことが肝要である。

4. 動画読解授業の類型

動画の読解力を育てるといっても、単に動画を見せてあれこれ考えるだけではない。動画読解の授業には次の3つの型があると考えている。

（A）動画読解スキル教授型

　動画というマルチ・モーダル・テクストを読解するための「コード」＝「読解スキル」を身につけさせる授業。動画には様々な構成要素があり、それらを足掛かりにしてクリティカルに読み解いていく必要がある。そのためにも、今後は指導内容の精選、系統化、動画読解用デジタル教材の開発などが求められるだろう。

【例】「カット数を数える」「主題を考える」「ターゲット・オーディエンスを
　　　考える」「色を検討する」「音声を検討する」「カメラワークを検討する」
　　　など

（B）動画制作スキル探求型

動画の「制作」に取り組ませる授業。動画の読解力を育成するためには、分析と制作の両方が欠かせない。分析と制作との間を何度も往復することで、動画自体への理解が深まっていく。高学年なら動画編集も経験させたい。ただし、動画の制作は非常に奥が深い。教師が子どもたちに寄り添い、共に探求していく姿勢が大切になるだろう。

【例】国語「物語文の一場面を映像化する」「詩の描写を映像化する」
　　　生活「おもちゃの遊び方を説明する動画を作って1年生に伝える」
　　　総合「お世話になった方へお礼を伝えるビデオレターを作る」など

（C）動画資料活用型

　教科指導の資料または教材として動画を活用する授業。動画を扱う授業としては最もポピュラーで、すでに多くの学校・学級の授業で動画資料が活用されていることだろう。動画の中から必要な情報を取り出して思考するという点において、これも「動画読解」の一つの型と言うことができる。また、すべての学年・教科において展開できる、汎用性の高い型である。

【例】「NHK for Schoolを視聴する」「社会科資料集のQRコードから資料動画を視聴する」「器械運動で自身のフォームを撮影して確認する」「バーチャル工場見学の動画を視聴する」など

第 **5** 章

「動画読解」で切り拓く

メディアリテラシーの授業プラン

執筆担当：津田泰至

本章のポイントと授業プラン

　動画読解の授業プランを立てるにあたり、重要なのは「動画選び」である。

　本書では、低学年で「CM動画」、中学年で「観光PR動画」、そして高学年で「ストーリー動画」を教材として授業プランを作成した。

　CM動画は児童にとって身近なものであり、長さも15秒程度でコンパクトである。内容も読み取りやすく、低学年児童でも集中して視聴できるだろう。

　観光PR動画も数分程度の長さのものが多く、繰り返し視聴しても児童の負担にはならないだろう。また、中学年の社会科では自分たちが住んでいる地域についての学習をする。社会科と観光PR動画の読解を結び付けた学習活動を展開することも可能だ。

　ストーリー動画は、いわば「物語」である。物語を文章で表現したものが物語文、動画で表現したものがストーリー動画だ。形式が違うだけで、どちらも物語である。

　そうであるならば、教科書にある物語文を読解するのと同じように、ストーリー動画も読解できるはずである。高学年であれば、それまでの国語科教育の中で、物語文の読解を繰り返し経験してきている。既習の読解方法をストーリー動画にも適用することで、制作者の意図や作品の主題にも迫ることができるだろう。

　なお、今回は「The Present」というストーリー動画を教材として取り上げた。ドイツのCGアニメーターであるJacob Frey氏が制作したこの動画は、世界180か国の映画祭に出品され、59もの賞を獲得している。道徳的要素も含まれたストーリー展開に、児童らも惹きつけられることだろう。

◀ 授業プラン ▶

1. CM動画の「動画読解」授業プラン

　　低学年：教材動画「小林製薬 消臭元」CM動画

2. PR動画の「動画読解」授業プラン

　　中学年：教材動画「AWAJISHIMA WEB CM 2019」観光PR動画

3. ストーリー動画の「動画読解」授業プラン

　　高学年：教材動画「The Present」CGアニメーション作品

1. CM動画の「動画読解」授業プラン ［低学年］

教材動画：「小林製薬 消臭元」CM動画

　CM動画は、動画読解の教材に非常に適している。理由は2つある。

　1つ目は、CM動画は制作者の意図が読み取りやすいことである。CM動画は、その商品やサービスを「購入させたい」「良い印象を与えたい」「視聴者に覚えてもらいたい」など目的がはっきりしている。そのために制作者はどんな工夫をしているか、考えやすい教材と言える。

　2つ目は、短いことである。CM動画は概ね15秒で作られている。くり返し視聴して検討するには、ちょうどよい短さである。また短いことで情報量が制限され、読解の難易度が緩和される。CM動画はまさに動画読解の「入門期」に適した教材と言える。

（1）教材動画

「小林製薬　消臭元」CM動画（15秒）

（2）授業のねらい

↑「小林製薬 消臭元」CM 動画

- ●動画のカット数を数える。●各カットから情報を取り出す。
- ●制作者の意図について考える。●動画から読み取ったことを文章でまとめる。

（3）動画のあらすじ

　トイレの消臭剤のCM。トイレの嫌なにおいは茶色い空気で表され、それが本製品によって勢いよく吸い込まれていく様子がCGで表現されている。

　製品は画面いっぱいに大きく映し出され、存在感と迫力が同時に伝わってくる。

　製品は紫色であり、背景画面にも紫色が使用されている。このCMにおいては「紫色」が象徴的な色として使われているようだ。

　嫌なにおいが去ったあとには、花柄のCGによって清潔な空気が表現されている。はじめは悪臭で顔をしかめていた親子は、ここでは嬉しそうな表情で深呼吸をしている。

　1カット目では会社名を、最後のカットでは商品名を表示している。視聴者の記憶に残りやすくする工夫だと思われる。

（4）授業プラン

①動画を見る	●動画を見ます。 ●何の動画ですか。（消臭元のCM）（トイレの香りのCM）など
②カット数を数える	●いくつのカットでできていますか。（8つ） 動画を再生してカット数を数えさせる。必要に応じて、繰り返し再生して見せるとよい。
③各カットから情報を取り出す	●このCM動画では、消臭元が「ないとき」と「あるとき」に分けられています。 ●消臭元が「ないとき」のカットを見て、分かったこと・気づいたこと・思ったことをノートに箇条書きしなさい。 （みんな嫌そうな顔をしている）（臭そうな感じがする）（空気が茶色になっている）（トイレが真ん中にある）など

	●消臭元が「あるとき」のカットを見て、分かったこと・気づいたこと・ほんのちょっとでも思ったことを、できるだけたくさんノートに箇条書きしなさい。  （みんな嬉しそうな表情をしている）（消臭元が真ん中にある）（紫色が多い）（花が浮かんでいていいにおいがしてそう）など 動画を根拠にしていればどんな意見も認めてほめるとよい。
④制作者の意図を考える	●この動画が伝えたいことは何だと思いますか。（消臭元はいいにおいがする）（消臭元はすごい）（消臭元を買ってほしい）など ●それが一番よく伝わるのはどのカットですか。 制作者の意図が動画の演出に表れていることに気付かせる。 ●動画について読み取ったことを文章にまとめましょう。 この動画がつたえたいことは、 　　　　　　　　　　　　　　　　　だと思います。 それが一番つたわるカットは、□番のカットだと思います。 なぜなら、　　　　　　　　　　です。 型を与えて、四角の中に入れる言葉を考えさせる。ワークシートにして配布するとよい。 ●書いた文章を発表させる。 （この動画がつたえたいことは、消臭元を使うとトイレがいいにおいになるということだと思います。それが一番つたわるカットは、7番のカットだと思います。なぜなら、花が浮かんでいてみんなが笑顔だからです。）など

年　　組　名前(　　　　　　　　　　)

① QRコードを読みとって、動画を見ましょう。

② 何の動画ですか。

③ カットの数を数えましょう。いくつのカットでできていますか。数字を書きましょう。

④ このCM動画では、消臭元が「ないとき」と「あるとき」に分けられています。消臭元が「ないとき」のカットを見て、分かったこと・気づいたこと・思ったことを、できるだけたくさんかじょう書きしましょう。

トイレ掃除したのに――

5 消臭元が「ないとき」のカットを見て、分かったこと・気づいたこと・思ったことを、できるだけたくさんかじょう書きしましょう。

6 この動画がつたえたいことは何だと思いますか。

7 それが一番よくつたわるのはどのカットだと思いますか。

ヒント

番のカット

8 動画を見て読みとったことをまとめましょう。

この動画がつたえたいことは、
だと思います。
それが一番つたわるカットは、　　　番のカットだと思います。
なぜなら、
です。

《2段階読解》と《TAPE発問》

　メディア・リテラシー教育発祥の国と言われているイギリスでは、メディア・エデュケーションの教科書を使った指導がされている（写真は教師用指導書）。

　この教科書には大きな特色が2つある。

　1つは、第4章でも述べた《2段階読解》である。「デノテーション」、「コノテーション」という2段階のステップを踏むことでメディアテクストを読解していく方法だ。

　第1段階の「デノテーション」は、メディアテクストから読み取れる情報を取り出していく活動である。

　第2段階の「コノテーション」では、子どもたちが取り出した情報について、それぞれの「意味」を考えていく。

　2段階で読み解くという型があることで、子どもたちは見通しを持って学習に取り組むことができる。さらに、教師にとっても授業が安定するというメリットがありそうだ。

　もう1つは、《TAPE発問》である。

「TAPE」とは「タイプ（Type）」「受け手（Audience）」「目的（Purpose）」「効果（Effectiveness）」の頭文字をとったものになっており、この順で発問していくことでメディアテクストの分析を進めていくものである。

①タイプ（Type）	どのようなタイプのテクストか。（写真、映像、ポスター、広告、など）
②受け手（Audience）	対象としている受け手は誰か。（年齢、性別、興味）
③目的（Purpose）	テクストは何を目的としているか。
④効果（Effectiveness）	テクストは目的を達成できたと思うか。

　メディアテクストには様々な種類があるが、このTAPE発問はメディアテクストの種類を問わず用いることができる。汎用性が極めて高い型だと言える。

　2段階読解やTAPE発問のように、具体的な方法が教科書に導入されているあたり、イギリスのメディアリテラシー教育の質の高さがうかがえる。

2. PR動画の「動画読解」授業プラン 中学年

教材動画：「AWAJISHIMA WEB CM 2019」観光PR動画

> 観光PR動画は、数多くの自治体や観光協会が公開している。どの観光PR動画も様々な趣向が凝らされていて、質の高いものばかりである。観光PR動画は、その土地の名物・名所などを魅力的に伝え、多くの観光客を呼び込みたいという明確なねらいがある。そのため制作者のねらいを読み取りやすく、動画読解の教材として取り上げやすい。
>
> また、動画から読解したことをベースにして、自分たちが住む地域のPR動画を制作する学習活動を行うことも考えられる。総合的な学習の時間や社会科など、教科の中にも位置づけやすい教材だと言えるだろう。

（1）教材動画

「AWAJISHIMA WEB CM 2019」（30秒）

↑「AWAJISHIMA WEB CM 2019」

（2）授業のねらい

- ●動画のカット数を数える。 ●各カットから情報を取り出す。
- ●制作者の意図について考える。
- ●ターゲット・オーディエンスについて考える。

（3）動画のあらすじ

　淡路島観光協会が制作した観光PR動画。30秒という短い動画の中で、淡路島の観光資源が数多くテンポよく紹介されている。

　動画内で紹介されている観光資源は、

①大浜海岸	②洲本城	③鳴門海峡のうずしお
④淡路人形浄瑠璃	⑤古事記	
⑥大阪からのアクセスの良さ（USJから車で約１時間）		
⑦上立神岩	⑧絵島	⑨おのころ島神社 ⑩島グルメ ⑪明石海峡

である。自然、文化、食事などの淡路島の魅力が30秒間に凝縮されたPR動画である。

（4）授業プラン

①動画を見る	●動画を見ます ●何の動画ですか。（淡路島）（淡路島をPRする動画）など
②カット数を数える	●いくつのカットでできていますか。（17こ）動画を再生してカット数を数えさせる。必要に応じて、繰り返し再生して見せるとよい。
③各カットから情報を取り出す	●この動画は何を伝えたいのですか。（淡路島のみりょく）（淡路島に来てほしい）など ●動画の中に、淡路島の魅力はいくつ出てきましたか。ノートに書き出しなさい。 1人1台端末を活用し、児童が自分のペースで繰り返し動画を視聴できるようにする。 ●観光で成功するには4つの条件（自然・文化・食事・気候）があるそうです。動画に出てきた淡路島の魅力は、それぞれどの条件にあてはまるでしょうか。 ①大浜海岸・自然 ②洲本城・文化 ③うずしお・自然 ④淡路人形浄瑠璃・文化 ⑤古事記・文化 ⑥大阪から近い・その他（交通） ⑦上立神岩・自然 ⑧絵島・自然 ⑨おのころ島神社・文化 ⑩島グルメ・食事 ⑪明石海峡・自然

	自然　文化　自然　自然 自然　文化　文化　文化 文化　交通　自然　自然 文化　食事　食事　食事 自然
④制作者の意図を考える	●動画の制作者が一番伝えたい魅力は何だと思いますか。（自然。自然が一番多く出てくるから）（自然。動画の初めと終わりが自然だから）（交通。1つだけ他と違うから）など ●この動画はどんな人に見てほしいのですか。（大人。家族を連れて淡路島に来てほしいから）（若い女性。「縁結び」に興味があると思うから）（大阪の人。大阪から近いとPRしているから）など ターゲットにしている視聴者のことを「ターゲット・オーディエンス」という。制作者は明確な意図を持って動画を制作していることに気付かせる。 ●もしターゲット・オーディエンスが「子ども」なら、どんな魅力をつけ足せばよいと思いますか。（遊園地）（テーマパーク）（公園）など
⑤自分の住む地域の観光PR動画を制作する	●みんなが住む△△△の観光PR動画を作ってみましょう。 社会科や総合的な学習の時間の地域学習と関連付けて、動画制作を行う。

1 QRコードを読みとって、動画を見ましょう。

2 何の動画ですか。

3 カットの数を数えましょう。いくつのカットでできていますか。数字を書きましょう。

4 淡路島のみりょくはいくつ出てきましたか。ノートに書き出しなさい。
　※動画の中の「文字」に注目しましょう。

5 観光で成功するには４つの条件（自然・文化・食事・気候）があるそうです。動画に出てきた淡路島のみりょくは、それぞれどの条件にあてはまるでしょう。

〇で囲みましょう。

	淡路島のみりょく	どの条件？
①	大浜海岸	自然 ・ 文化 ・ 食事 ・ 気候 ・ その他
②	洲本城	自然 ・ 文化 ・ 食事 ・ 気候 ・ その他
③	うずしお	自然 ・ 文化 ・ 食事 ・ 気候 ・ その他
④	淡路人形浄瑠璃	自然 ・ 文化 ・ 食事 ・ 気候 ・ その他
⑤	古事記	自然 ・ 文化 ・ 食事 ・ 気候 ・ その他
⑥	大阪から近い	自然 ・ 文化 ・ 食事 ・ 気候 ・ その他
⑦	上立神岩	自然 ・ 文化 ・ 食事 ・ 気候 ・ その他
⑧	絵島	自然 ・ 文化 ・ 食事 ・ 気候 ・ その他
⑨	おのころ島神社	自然 ・ 文化 ・ 食事 ・ 気候 ・ その他
⑩	島グルメ	自然 ・ 文化 ・ 食事 ・ 気候 ・ その他
⑪	明石海峡大橋	自然 ・ 文化 ・ 食事 ・ 気候 ・ その他

6 この動画が一番伝えたい淡路島のみりょくは何だと思いますか。

7 この動画はどんな人に見てほしいのだと思いますか。

（年齢、性別など）そう考えた理由も書きましょう。

8 もしターゲット・オーディエンスが「子ども」なら、どんな魅力をつけ足せばよいと思いますか。

コラム 8 メディアリテラシー教育を学校でどう進めればいい？

　堀田龍也氏（東北大学院情報科学研究科教授）は、いわゆるメディアリテラシー教育を「メディアとのつきあい方学習」と名付け、その重要性を訴えている。堀田氏は著書『メディアとのつきあい方学習──「情報」と共に生きる子どもたちのために』（ジャストシステム、2004年）の中で、「メディアとのつきあい方学習」について、

> ①メディアの特性と適切なメディアの選択の仕方について学ぶこと
> ②メディアが生活に与える影響について学ぶこと
> ③メディアが取り巻く社会での安全な行動の仕方について学ぶこと

と説明している。また指導に際しては、「受信と発信、体験と理解の往復運動を仕組むこと」、「受信者だけでなく発信者の体験をさせること」など、「体験」の重要性を指摘している。それも「双方向の体験」だ。受信と発信、体験と理解、その両面から学習するからこそ子どもたちの理解が深まるのである。動画読解も同様で、動画テクストの「分析」だけでなく、「制作」との両輪で進めていくことが大切だ。

　さらに堀田氏は「メディアとのつきあい方学習の指導法のポイント8」を紹介している。

第1条	日常の活動に組み込む
第2条	知識だけにとどめない
第3条	優れた教材を活用する
第4条	プロに学ぶ場面を用意する
第5条	教科と連携する
第6条	系統的な学校カリキュラムを作る
第7条	家庭の協力を促す
第8条	教育委員会レベルで施策を打ち出す

　詳しくは是非、同書を読んでいただきたい。メディアリテラシー教育を学ぶ教師の必読書である。右のQRコードから電子書籍版を無償でダウンロードできる。

↑「メディアとのつきあい方学習」電子書籍版

3. ストーリー動画の「動画読解」授業プラン 高学年

教材動画：「The Present」CGアニメーション作品

> ストーリー動画は1つの物語を表現した動画であり、概ね「導入」「展開」「山場」「結末」で構成されている。それは国語科で学習する物語文と共通した構成である。言うならばストーリー動画は物語文の動画版である。
>
> 物語文を読解する際には、「登場人物の検討」「場面分け」「色のイメージ」「対比」「クライマックスの検討」「主題の検討」など、読解のためのコードを用いることが多い。つまりこれらの読解コードを用いれば、ストーリー動画も物語文と同じような手順で読解することができる。
>
> 教材とする動画は数分から5分程度の長さのものがよいだろう。また、アニメーションの動画である方が子どもにとっても親しみが持ちやすいだろう。

（1）教材動画　「The Present」（4分18秒）

↑「The Present」

（2）授業のねらい

●各カットから情報を取り出す。●制作者の意図について考える。●ストーリー動画を文章読解と同じように「色のイメージ」「対比」「主題」などのコードを用いて読解する。●動画から読み取ったことを文章でまとめる。

（3）動画のあらすじ

昼間から家にこもってテレビゲームに熱中する少年。そこへ母親が段ボールをかついで帰ってくる。箱の中には元気な子犬。しかし子犬の前脚が欠けていることに気づいた少年は、怒って子犬を放り投げてしまう……。

元気な子犬はボールにじゃれつき走り回る。その様子がだんだん気になり、テレビゲームに集中できない少年。ボールを持ってきて遊んでほしそうに少年を見つめる子犬の姿に、少年の心は徐々に和らいでいく。ボールを拾い上げ、子犬と遊ぶために立ち上がる。

立ち上がった少年を見て子犬は首を傾げ不思議そうな様子。少年の手には松葉杖。実は少年も片脚がなかったのだった。同じ境遇のふたりは、楽しそうに外へと出かけていく。

（4）授業プラン

①動画を見る ②各カットから情報を取り出す ③制作者の意図について考える 	最初の場面（冒頭15秒ほど）を見せる。必要に応じて、繰り返し再生して見せる。 ●分かったこと・気づいたこと・ほんのちょっとでも思ったことをできるだけたくさんノートに箇条書きしなさい。 静止画像から情報を整理し状況設定を確かめる。 ●この場面の静止画像を見ていきます。 ●登場人物は誰ですか。（男の子） ●夜ですか。昼ですか。（昼） ●昼である根拠は何ですか。（窓の外が明るい） ●男の子が見ているのは何？（テレビ） ●何の音が聞こえますか。（ゲームの音） ●明るい感じがしますか。暗い感じがしますか。（暗い感じ） ●このシーンでは、暗い印象を与えるためにある色が多用されています。何色ですか。（黒）
	最後の場面の静止画像を見せる。 ●分かったこと・気づいたこと・思ったことを、ノートに箇条書きしなさい。 ●この場面は何色が多いですか。（白） ●白はどんな印象を与えますか。（明るい）（前向きな感じ）
 	最初と最後の場面を対比させる。 ●最初と最後のカットで、対比されているものは何ですか。できるだけたくさんノートに書きなさい。（黒⇔白）（暗い⇔明るい）（中⇔外）など ●最初は暗かったイメージが、最後には明るく変化している。間で何かが起こったのですね。

お母さんが箱を置く場面までを見せる。

●何が起こりましたか。

　（お母さんがプレゼントを置いた）

男の子が子犬を放り投げて怒る場面まで
を見せる。

●何が起こりましたか。

　（男の子が犬を放り投げた）

●なぜ放り投げたのでしょう。

　（子犬の脚が1本なかったから）

子犬の脚のアップは一瞬なので、気づき
にくいかもしれない。必要に応じ、繰り返
し見せるとよい。

●お母さんは、なぜこの子犬をプレゼント
　したのだと思いますか。

指示：予想をお隣さんに言いなさい。

　（外で遊ばせたいから）（もらってほしいと誰
　かに頼まれたから）

男の子が外へ出る場面までを見せる。

●気がついたことを言いなさい。

　（男の子も片脚がなかった）

●男の子と子犬は、同じ境遇だったのですね。

④動画から読み取ったことを文章にまとめる	●この動画の主題は何だと思いますか。次のようにまとめなさい。

この動画の主題は、
　　　　　　　　　　　　　　　　だと思います。
そう思った理由は、

です。

ストーリー動画は、物語文と同じように主
題の検討ができる。

年　　　組　　名前（　　　　　　　　　　　　）

1 QRコードを読みとって、動画のはじめの15秒ほど
　を見ましょう。見たら次の問いに答えましょう。

①登場人物は誰ですか。	
②夜ですか。昼ですか。	
③昼である根拠は何ですか。	
④何の音が聞こえますか。	
⑤明るい感じがしますか。暗い感じが 　しますか。	
⑥このシーンでは、暗い印象を与える 　ために何色が多用されていますか。	

2 動画の最後の場面の静止画を見て、
　分かったこと・気づいたこと・思っ
　たことをできるだけたくさん箇条書
　きしましょう。

③ 最初と最後のカットで、対比されているものは何ですか。できるだけ
　たくさん書きましょう。

(例) 黒と白　など

④ はじめから50秒くらいまでを見ましょう。何が起こりましたか。

⑤ 50秒から1分10秒くらいまでを見ましょう。何が起こりましたか。

6 男の子はなぜ子犬を放り投げたのだと思いますか。

7 お母さんは、なぜこの子犬をプレゼントしたのだと思いますか。

8 1分10秒から3分30秒までを見ましょう。見たら、気がついたことを
書きましょう。

9 この動画の主題を考えて、次のようにまとめましょう。

この動画の主題は、

だと思います。

そう思った理由は、

です。

10 動画の感想を書きましょう。

英国映画研究所（BFI）の《8つの基本教授テクニック》

　英国映画研究所（BFI：British Film Institute）が作成した指導者向け資料『授業における動画テクストの活用とその指導』には、下の8つの「基本教授テクニック」が示されている。動画読解の授業でも大いに活用できそうだ。

①**静止画像　Freeze Frame**：画面内の視覚情報を確認し、その意味を考えさせる。動画を静止させる方法をとるため、静止画像（Freeze Frame）と名づけられている。

②**音と画像　Sound and Image**：聴覚情報（音楽、効果音、音声、沈黙）を確認し、それが視覚情報とどのように関わり、意味を生成するのかを考えさせる。

③**ショットの位置　Spot the Shots**：動画の物理的単位であるショット（日本ではカット）が、どのような順序で組み立てられているか（編集過程）を確認し、その意味を考えさせる。

④**最初と最後　Top and Tail**：タイトルシークエンス（最初）と、エンドロール（最後）に提示される情報から、動画テクストのジャンルや、誰が制作したか、対象としている視聴者は誰かということを考えさせる。

⑤**視聴者意識　Attracting Audiences**：視聴者を意識した商品特性が端的に表れる販売促進活動の分析を通して、動画テクストの商品的価値や、主題の考察を行わせる。

⑥**再話　Generic Translation**：プリントから動画へ、動画からプリントへテクストの再話（書き換え）を行うことで、「動画の言語」の特性を学ばせる。

⑦**メディアの相関比較　Cross-media Comparisons**：異なるメディアで制作された同じ作品の比較を行わせることで、動画の特性を学ばせる。

⑧**シミュレーション　Simulation**：学習者を制作者の立場におき、テクストの制作から、宣伝、上映までの過程をシミュレーション形式で行わせることで、動画テクストの特性を総合的に学ばせる。

参考・引用：羽田潤『国語科教育におけるメディア・リテラシー教育の研究──マルチモーダル・テクストの活用を中心に』渓水社、2020年

第 **6** 章

子どもたちに
ネットリテラシーを
確実に身につけさせる!

「ネットモラル検定」や
「DQ（Digital Intelligence）」を
取り入れた授業づくり

執筆担当：堀田和秀

1. デジタル・シティズンシップは「知識」である!

「道徳の授業は評定できない」と、よく耳にする。

「子どもの心を点数評価できない」からだという。

　私は、道徳は評定できると思っている。なぜなら、道徳的実践とはつまるところ、「道徳的に正しい行動ができること」だからである。

　TOSS代表・谷和樹氏は、セミナーの中で次のように述べている。

道徳の授業では、「行動」を問わなければいけないですね。

「どう思ったでしょう」と言われても、答えようがありません。

「この場面で、どう行動しますか」なら、答えられます。

（堀田：講座メモより）

　設定された場面で、道徳的に正しい行動を行うことができれば、「A」評定となる。

　では、デジタル・シティズンシップ教育は、評定できるのか。

　これは、「できる」。

　坂本旬氏らは、デジタル・シティズンシップ教育の特徴として、次のことを挙げている。

　学習者の知的創造を阻害することなくオンライン及び ICT 環境において安全かつ効果的で責任を持った行動ができるよう構成されている。

（坂本旬他「アメリカのデジタル・シティズンシップ教育教材の日本における学習実践の可能性」『メディア情報リテラシー研究』第 1 巻第 2 号、2020年、34〜35頁）

　デジタル・シティズンシップ教育は、「行動」を重視している。

　ICTを活用する場面で、安全かつ効果的に行動できる「知識」が備わっていれば、「A」評定なのである。

　だから、デジタル・シティズンシップ教育は「知識」を教える教育であり、その知識がどの程度備わっているのかを、テストで測定することが可能であり、これからはテストすべきだと思っている。

2. デジタル・シティズンシップの評価の方法

では、実際にデジタル・シティズンシップが備わっているかを、どのように評価するのか。

評価の方法は、大きく2つである。

---

(1) 授業の感想を書かせる

(2)「ネットモラル検定」などの知識を問う問題を解かせる

---

(1) 授業の感想を書かせる

道徳の授業では、必ず授業の感想を書かせる。

それと同じように、デジタル・シティズンシップの授業が終わったあとに、ノートに感想を書かせる。

子どもが自然と「行動」を書くように、フォーマットを与えて、である。

河田孝文氏は、道徳の授業の感想を、次のフォーマットで書かせる。

今日は、○○の勉強をした。

分かったことは、△△である。

これから私は、□□（行動）していきたい。

最後に、これからどのような行動をしたいのかを書かせる。

ここに書かれた行動が、教師のねらっていた行動と同じであれば、この子はデジタル・シティズンシップの知識を獲得したことになる。

感想は、点数評価することはできない。しかし、ICTを安全かつ効果的に活用できる「知識」を身につけたかどうかは評価することができる。

(2)「ネットモラル検定」などの知識を問う問題を解かせる

デジタル・シティズンシップの知識をテストで測るためには、「テスト問題」が必要となる。

このテスト問題が、オンライン上にはいくつか存在する。

①ネットモラル検定

「ネットモラル検定」は、様々な会社が有料、無料で提供している。

オンライン上で検定できるものもあれば、問題集のようになっているものもある。

以下、ネットモラル検定ができるサイトをご紹介する。

---

① 「ネットモラルけんてい」http://www.netmoral.jp/

② 「無料情報モラルテスト」https://www.pken.com/tool/moral.html

③ 「事例で学ぶNetモラル」https://www.hirokyou.co.jp/netmoral/

④ 「インターネットルール＆マナー検定」https://rm.iajapan.org/

このような検定サイトを使って、ネットリテラシーを測定してもよい。

②情報通信白書 for kids

総務省が作ったホームページである。

このページには、

理解度診断テスト

↑ 情報通信白書 for kids

が掲載されている。大きく「インターネット接続と利用」「脅威」「リテラシー」「社会」の４つに分かれており、それぞれ下のような問題が出題される。

間違えた問題については、あとで復習サイトがクリックできるしくみになっており、子どもたちの苦手なところを繰り返し学習できるように設計されている。

このサイトで問題を解くだけで、子どもたちのネットリテラシーが高まっていく。

点数は出ないため、問題を解かせたあと、「○問正解した人？」と聞かなければいけないが、ネットリテラシーを評価するためには有効なサイトである。

3. デジタルスキルの新指標「DQ（Digital Intelligence）」

2018年、グローバルスタンダードとして認められた新たな指標がある。

> DQ（Digital Intelligence）

↑「DQ Institute」HP

である。

「DQ」とは、「デジタルに関する知能指数」のことである。

DQを開発した「DQ Institute」は、次のように述べている。

①個人が課題に直面し、デジタルライフの機会を活用できるようにする、「技術的」「認知的」「メタ認知的」「社会的感情的」能力の包括的なパッケージである。

②全世界にあるデジタルリテラシーとスキルに関する25を超える主要なフレームワークを集約して、DQを作成した。

③DQは、24のコンピテンシー（８つ領域・３つのレベル）に分けられている。

④最終目標は、デジタルを活用して個人および社会の幸福を達成すること。

　そのために、OECDの「BetterLife Initiative」や国連の「SDGs」の指標を取り入れている。　　　　　　　　　　　　　（「DQ Institute」HPより：堀田訳）

　各国で行われているデジタル・シティズンシップ教育やメディアリテラシー教育を１つにまとめて提供しているのだから、測定されるデジタルスキルの信憑性は高い。

　また、DQの３つのレベルとして次のことが示されている。

①デジタル・シティズンシップ

　安全で倫理的な方法でテクノロジーを使用するために必要な基本レベルのスキル

②デジタル創造力

　新しい知識、技術、コンテンツの作成を通じて問題解決を可能にする力

③デジタル競争力

　幅広い利益のためにコミュニティと経済を変えるためのイノベーション

　ICT機器を安全に活用するスキルを身につけた上で、ICT機器を活用して「様々な問題を解決していく能力」や「新しいものを創り出していく創造力」を育成することを最終目標としている。

　DQは、デジタル・シティズンシップ教育のその先までを見据えた教育を行おうとしている。

　そして、子どもたちのDQレベルを上げるためにDQ Instituteが提供しているのが「DQ World」である。

↑ DQ World

DQ Worldには、次のような特徴がある。

①8〜12歳の子どもたちに、デジタルライフの最初から包括的なデジタル・シティズンシップスキルを提供するための戦略的なグローバルムーブメント。

②100を超える世界各国の組織とパートナーを組み、世界80か国以上で活動。

③「DQ World」という子ども用サイトにログインし、ゲームで遊びながら、楽しくデジタル・シティズンシップ等について学べるようになっている。

④「DQ World」で学習した内容は、「DQレポート」という形でまとめられ、個人に返される。

⑤「DQ World」で学習した子どもは、DQスコアが10％上がり、危険なオン

ライン行動が15%程度減少したとの報告がある。

（「DQ Institute」HPより：堀田訳）

このサイトは、無料でアカウントを手に入れることができる（内部課金あり）。

DQ Worldは、ロールプレイングゲームのように、ネットリテラシーに関する問題を解いていくことで、キャラクターのレベルが上がっていく。

ゲーム性が高いため、子どもたちが熱中する。

遊びの中で、ネットリテラシーが向上するシステムとなっている。

DQ Worldは、ネットモラル検定などと同じように、子どもたちにデジタル・シティズンシップが知識としてどの程度備わっているのかを測定することができる。

4. デジタル・シティズンシップを育てるための授業プラン

デジタル・シティズンシップは、「知識」であると書いた。

子どもたちのデジタル・シティズンシップの知識を増やすための授業を行い、その知識がどの程度備わっているのか、確認する必要がある。

上記に示したサイトを活用しながら、デジタル・シティズンシップの知識を増やしていくための授業プランを提案する。

① 「ネットモラル検定」「DQ World」を、端末を使って行う【5分】
↓
② デジタル・シティズンシップの授業【35分】
　（教科書教材、または本書のワークシートを活用する）
↓
③ 授業の感想を、フォーマットを使って書かせる【5分】

授業開始と同時に端末を開き、ネットモラル検定やDQ Worldを行う。

個人的には、DQ Worldがオススメだ。

DQ Worldは、自立型の学習サイトである。教師が説明しなくても、子どもたちだけで学習を進めることができる。

ゲームをしながら、デジタル・シティズンシップの知識を増やしていく。

　検定やゲームを５分間行ったら、端末を片づけ、デジタル・シティズンシップの授業を行う。

　教科書の情報モラル教材を、第１章で示した授業プランに照らし合わせて授業を展開すればよい。

　本書のワークシートを使えば、教材文を読み、指導案通りに発問・指示をするだけで、デジタル・シティズンシップの授業ができる。

　授業が終わったら、感想を書かせる。

　感想は、フォーマットに従って、ノートに書かせる。

　ノートを見れば、子どもたちにデジタル・シティズンシップの知識が身についたかどうかを確認することができる。

　デジタル・シティズンシップ教育は、「特別の教科 道徳」で年間２〜３回行う。「ネットモラル検定」や「DQ World」は、道徳の時間の最初の５分間、ルーティーンワークとして行えばよい。毎時間同じスタートなので、どの子も安定して授業に入っていくことができると同時に、ネットリテラシーが向上する。

　一石二鳥である。

　１人１台端末が配付された今、子どもたちに「デジタル・シティズンシップ」を育てていくことは、教師の大切な仕事となる。

　すべての子どもたちが、安心して、安全に、そして効率的に端末を使えるようにできるのは、教師しかいない。

　小学校におけるデジタル・シティズンシップ教育は、その第一歩である。

ウェブ・ナビゲーション

全ワークシートQRコード／URL 一覧

以下のQRコードあるいはURLから、本書に掲載された全ワークシートにアクセスし、ダウンロードすることができます。

●ワークシート一覧

URL https://www.gakugeimirai.jp/netliteracy_worksheet_list

●全ワークシート（一綴り）

URL https://www.gakugeimirai.jp/netliteracy_worksheet_alldl

●各ワークシート

第2章　道徳教科書で創る「デジタル・シティズンシップ」の授業プラン ──わたしのスキル：〈安全〉篇

1.「メディアと規則正しい生活のバランス」に関する授業

p.30-31 1−①. 低学年 「ゲームの使い方」 に気をつけよう！	**p.36-37** 1−②. 高学年 「使用時間」「タイミング」 を考えて、スマホを使おう！

2.「個人情報」に関する授業

p.42-43 2−①. 低学年 「知っているかもしれない人」 からの電話に対応しよう！	**p.48-49** 2−②. 高学年 個人情報を求められた ときの対処法を考えよう！

3.「著作権・肖像権」に関する授業

p.54-55

3−①. 低学年
友だちの作ったものは、
勝手に触らない!

p.60-61

3−②. 高学年
写真をインターネットに
投稿するときの「マナー」

4.「学校や家で使うときの『ルール』」に関する授業

p.66-67

4−①. 低学年
パソコンやタブレットの
ルールを考えよう!

第3章　道徳教科書で創る「デジタル・シティズンシップ」の授業プラン
──人との関わりのスキル：〈コミュニケーション〉篇

1.「チャット・SNSへの正しい投稿の仕方」に関する授業

p.76-77

1−①. 低学年
「正しい情報」を
発信しよう!

p.82-83

1−②. 高学年
誤解を招かないオンライン
メッセージの書き方を知ろう!

2.「ネット上でのコミュニケーション」に関する授業

p.88-89

2−①. 低学年
本当の情報を、
上手に発信しよう!

p.94-95

2−②. 高学年
「すれちがい」をなくす
ための行動を考えよう!

3.「ネットいじめ」に関する授業

p.100-101

3−①. 低学年
「ほんのちょっとした
いたずら」が、
いじめにつながる!

p.106-107

3−②. 高学年
「ネットいじめ」を
ストップさせる方法を
考えよう!

4.「ニュースとメディアリテラシー」に関する授業

p.112-113

4−①. 低学年
インターネットの情報って、
本当に正しい?

p.118-119

4−②. 高学年
その情報、本当に
発信して大丈夫?

第5章 「動画読解」で切り拓くメディアリテラシーの授業プラン

p.142-143

低学年　CM動画の
「動画読解」授業プラン
「小林製薬 消臭元」

p.148-149

中学年　PR動画の
「動画読解」授業プラン
「AWAJISHIMA
WEB CM 2019」

p.154-157

高学年　ストーリー動画の
「動画読解」授業プラン
「The Present」

上記、全18枚のワークシートとともに、本文中に掲載されているQRコードに紐付けられた下記の資料・HP・動画等のURLをまとめたExcelシートを下のQRコード／URLからダウンロードし、各リンク先にアクセスできます。

URL：https://www.gakugeimirai.jp/literacy_qr_url-xlsx

P.10：「情報教育」と「情報モラル教育」の変遷
P.13：「情報モラル教育」と「デジタル・シティズンシップ教育」
P.13～14：Society 5.0の実現に向けた教育・人材育成に関する政策パッケージ〈中間
　　　　　 まとめ〉(内閣府) (25頁)
P.15：「デジタル・シティズンシップ教育」授業の基本の流れ
P.21：「common sense education」の概要とカリキュラム
P.44：「Common Sense」ホームページ
P.53：みんなのための著作権教室
P.70：端末利用に当たっての児童生徒の健康への配慮等に関する啓発リーフレット(文部
　　　 科学省)
P.122：インターネットの安心安全な使い方(総務省)
P.122：サイバー犯罪被害防止対策用短編アニメーション映像(警視庁)
P.139/142：「小林製薬 消臭元」CM動画
P.145/148：「AWAJISHIMA WEB CM 2019」観光PR動画
P.150：『メディアとのつきあい方学習』電子書籍版
P.151/154：「The Present」CGアニメーション作品
P.164：情報通信白書 for kids (総務省)
P.165：「DQ Institute」HP
P.166：DQ World

あとがき

　デジタル・シティズンシップ教育の授業を行ったことがある。

　テーマは、「適度なスクリーンタイムを考えよう」。

　スマホをはじめて持った女の子が、あまりのうれしさにごはんを食べるときも、夜中になっても、友だちにメッセージを送っていた。しかし、友だちが夜ふかしが原因で体調を崩したことをきっかけに、スマホをお母さんに返す、というお話である。

　このお話の問題点は、「スマホをお母さんに返す」という部分にあった。

　よくない使い方をした結果、「使わない方がよい」と、子どもたちに情報端末に対して負のイメージを持たせてしまう。

　私は、次のように発問した。

> スマホを食事中に使ったり、夜遅くまでメッセージを送ったりしたことがよくなかったんだよね。スマホを安全に使うには、どんな方法がありますか。

　子どもたちから、たくさんの意見が出た。

● 夜9時以降は、メッセージを送らないようにする

● 夜は、一旦お母さんにスマホを預ける

● 食事中は、手に届かないところにスマホを置く

　どれも、なるほどと思う意見である。

　その中に、「友だちに『夜遅いから、これでやめようね』というメッセージを送る」という意見があった。

　この意見に対し、普段からスマホを使っている女の子が、次のように反論した。

> メッセージを送ると、どんな雰囲気で言われているか分からないから傷つく。
> だから、メッセージではなく「おやすみ」のLINEスタンプを送った方がいい。

　この意見を聞いたとき、「彼女にはデジタル・シティズンシップが育っている」と思った。

彼女は自分のスマホを持ち、スマホでトラブルを起こしたこともある子である。見方によっては、「スマホを持った問題のある子」と捉えられるかもしれない。

　しかし、彼女はオンラインメッセージには表情がないため、いつもの調子で発言をすると相手が傷つくかもしれない、ということを知っていたのである。

　普段からスマホを使っていない子には、このような発想はない。

　このとき、あらためて「情報端末を積極的に使わせ、その中で『安全に使うためにはどうすればよいのか』を考えさせる授業が必要だ」と感じた。

　本書では、「1人1台端末」を学校でも、家庭でも積極的に活用することを前提とし、「どのようにすれば、安全に使うことができるのか」を学級で話し合うことができる授業プランを、それぞれのカテゴリーごとに低学年・高学年に分けて提案した。

　また、動画読解を研究している、同じ研究サークルの津田泰至氏に、YouTubeをはじめとする「動画」をどう読み取るのかにフォーカスした授業プランを提案してもらった。

　本書を活用し、子どもたちに必要なネットリテラシーを身につけさせてほしい。

　本書を執筆するにあたり、より多くの先生方にとって使いやすい本となるように、学芸みらい社の小島直人氏からはたくさんのアドバイスをいただいた。温かい叱咤激励のメールも多数いただき、完成までこぎつけることができた。

　また、デジタル・シティズンシップ教育の授業では、討論は欠かすことのできないパーツである。討論の授業ステップは、師匠・向山洋一氏から学んだ。向山氏の教えがあったからこそ、本書で紹介する授業を組み立てることができた。

　お二方に、この場を借りて心より感謝申し上げたい。

　本書が多くの先生方の手元に届き、子どもたちのネットリテラシーを高める一助となれば幸いである。

2022年5月2日

堀田和秀

[著者紹介]

堀田和秀（ほりた・かずひで）

1978年2月、兵庫県生まれ。兵庫教育大学初等教育学部卒業後、兵庫県北淡町立室津小学校に着任。洲本市立洲本第一小学校等を経て、現在、洲本市立安乎小学校に勤務。新卒2年目に学級崩壊を経験したことから授業技術の必要性を感じ、TOSSサークル「TOSS淡路キツツキ」の門を叩く。向山洋一氏のすぐれた実践に学び、追試することで自らの力量を高める努力を重ね、2017年より「TOSS淡路キツツキ」代表、現在は「TOSS兵庫」代表も務める。小学校教師として特別支援教育を牽引した小野隆行氏のもとで特別支援教育のノウハウを学び、発達障害の子を集団の中でどのように指導していくかについて研究。また、ICT教育についても深く学び、勤務校では情報教育主任を10年以上務め、ICTを活用した授業やその効果的な使い方を校内に広めている。兵庫県内・淡路島内の校内研修に招かれて講演を行ったり、NPOのセミナーでも講師を務めたりするなど、自らの実践を多くの先生方に広めている。

著書に『道徳教科書フル活用！楽しい道徳の授業プラン』、編著に『授業の腕が上がる新法則：「道徳」1～3年編』『授業の腕が上がる新法則：「道徳」4～6年編』『ストップ！NG指導：場面別 すべての子どもを救う基礎的授業スキル』、共著に『ストップ！NG指導：教科別 すべての子どもを救う基礎的授業スキル』など（すべて学芸みらい社）がある。

津田泰至（つだ・ひろし）

1980年3月、大阪府生まれ。関西大学文学部教育学科卒業。佛教大学通信教育課程にて小学校一種免許状を取得後、大阪府守口市立金田小学校に着任。その後、大阪府吹田市へ転勤。2015年、兼ねてより憧れの地であった淡路島へ移住。現在、兵庫県淡路市立大町小学校に勤務。大阪時代からTOSS主催のセミナーやサークルに参加し、授業力・学級経営力の向上に努める。淡路島へ移住後はTOSSサークル「TOSS淡路キツツキ」の一員となり研鑽を続ける。現在は「TOSS淡路キツツキ」代表代行、「特別支援教育きずな」代表を務める。淡路島内で医療・福祉・保育・教育の関係者を対象にしたセミナーの講師を務め、児童生徒のよりよい支援のための知見を広めている。

共著に『ストップ！NG指導：教科別 すべての子どもを救う基礎的授業スキル』『特別支援教育 重要用語の基礎知識』など（ともに学芸みらい社）がある。

「禁止・制限」より「安全な使い方」を教える！

GIGAスクール時代の「ネットリテラシー」授業プラン

ワークシート付き

2022年7月10日　初版発行

著　　　　者	堀田和秀／津田泰至
発　行　者	小島直人
発　行　所	株式会社 学芸みらい社
	〒162-0833 東京都新宿区箪笥町31番 箪笥町SKビル3F
	電話番号：03-5227-1266
	HP：https://www.gakugeimirai.jp/
	E-mail：info@gakugeimirai.jp
印刷所・製本所	藤原印刷株式会社
ブックデザイン	吉久隆志・古川美佐（エディプレッション）

落丁・乱丁本は弊社宛お送りください。送料弊社負担でお取り替えいたします。

ストップ！NG指導
すべての子どもを救う 教科別 基礎的授業スキル

著：**小野隆行**（元・岡山県公立小学校教諭） 3刷

「当たり前」と思っているその指導、本当に大丈夫？
NG指導➡その根拠➡改善策の3ステップで特別支援教育の土台を固め直す

【目次より】
第1章 学級経営編　AD／HDだから集中力が続かないのか／トラブルを未然に防ぐには原則がある　…他
第2章 国語編　音読が苦手な子どもへの指導／漢字の「読み」と「書き」を同時に教える必要があるのか　…他
第3章 算数編　問題解決学習は特別支援が必要な子どもにとって悪である／プリント・ノート指導　…他
第4章 音楽・体育・図工・家庭編　体内リズムを考えた音楽指導／なぜ起こる？ リレーのコースアウト　…他
第5章 人間関係・行事編　WISCで「言語理解」が低い子ども／運動会練習／学習発表会の練習　…他

A5判ソフトカバー　216頁　定価：本体2,000円＋税　ISBN 978-4-909783-17-2　C3037

ストップ！NG指導 2
すべての子どもを救う 場面別 基礎的授業スキル

編著：**堀田和秀**（兵庫県洲本市立安乎小学校教諭）

「本書で明日からの特別支援が楽になる」
科学としての特別支援教育で子ども達が変化する鮮やかな**実践事例集**

【目次より】
第1章 個別の学習場面編　【算数】文章問題が苦手なのは「場面をイメージできない」のが原因　…他
　　　　　【外国語】英語の文字指導は「読み書き同習」が本当にいいのか？　…他
第2章 集団での学習場面編　係活動で、発達障害の子を活躍させる方法　…他
第3章 集団のなかでのトラブル編　「ルールを正確に守る」ことを強要するのは、実は危険　…他
第4章 特性による不適応行動への対応場面編　【算数LD】算数の学力をつけるなら「操作」よりも「量感」…他
　　　　　【反抗挑戦性障害】「めんどくせー」にいちいち対応する　…他
第5章 家庭でのトラブル編　宿題をたくさん出すことで、学力は上がるのか？　…他

A5判ソフトカバー　196頁　定価：本体2,100円＋税　ISBN 978-4-909783-76-9　C3037